河南省艺术名家推介工程丛书

杨丽萍 主编

吴广林——艺林梻风

茹家鹏 编

大象出版社
·郑州·

中原出版传媒集团
大地传媒

图书在版编目(CIP)数据

吴广林——艺林栉风/杨丽萍主编;茹家鹏编. —
郑州:大象出版社,2015.11
(河南省艺术名家推介工程丛书)
ISBN 978-7-5347-8618-1

Ⅰ. ①吴… Ⅱ. ①杨… ②茹… Ⅲ. ①吴广林—传记
Ⅳ. ①K825.78

中国版本图书馆 CIP 数据核字(2015)第 254219 号

河南省艺术名家推介工程丛书

吴广林——艺林栉风

杨丽萍　主编

茹家鹏　编

出 版 人	王刘纯
责任编辑	李建平
责任校对	钟　骄
装帧设计	魏　珂　王　伟　韩　雪

出版发行　大象出版社(郑州市开元路16号　邮政编码450044)
　　　　　发行科　0371-63863551　总编室　0371-63863572
网　　址　www.daxiang.cn
印　　刷　河南省瑞光印务股份有限公司
经　　销　各地新华书店经销
开　　本　787mm×1092mm　1/16
印　　张　13.75
字　　数　220千字
版　　次　2015年11月第1版　2015年11月第1次印刷
定　　价　48.00元

若发现印、装质量问题,影响阅读,请与承印厂联系调换。
印厂地址　郑州市二环支路35号
邮政编码　450012　　电话　0371-63956290

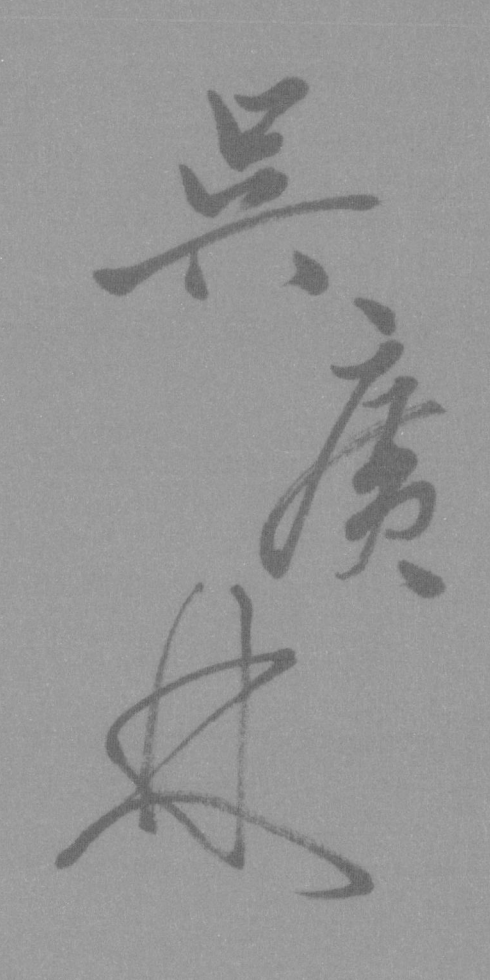

吴广林

仰望话剧
纵横天地间，游刃方寸地
论助推吴广林表演艺术提升的重要因素
为话剧而生
感悟吴广林的表演艺术
河南的吴广林和他的电视剧表演艺术

编委会

主　编

杨丽萍

副主编

董文建

编　委

闫敬彩　赵红都　赵小勇　汪　淏
张曦霖　魏　珂　李红艳　赵　军
姬豪亮　袁朋林　庞月兰　卢　梅

吴广林，河南省话剧院国家一级演员。中国戏剧家协会会员，河南戏剧家协会理事，中国话剧艺术研究会表演艺术委员会委员。民盟中央艺术团理事。

1973年由河南省开封市第七中学考入河南省话剧院，经过河南省话剧院三年系统的严格训练和培养，成为河南省话剧院的一名演员。在向前辈们学习的过程中，明白了"要想演好戏，先要做好人"的道理。通过努力，2000年被评为"河南省文化系统先进工作者"；荣获第十届中国艺术节优秀表演奖；2013年获"全国艺德标兵"称号；2014年被评选为河南省劳动模范，获河南省五一劳动奖章、中国话剧表演学院奖最佳主角奖。

话剧表演艺术是其毕生的追求。在表演艺术的道路上，他痛苦过、快乐过、迷茫过、自信过。从艺40多年，饰演过几十个大大小小性格迥异的角色。

吴广林

总序

造就名家大师
促进文化繁荣

营造有利于高素质人才大量涌现、健康成长的良好环境，造就一批名师大家和民族文化代表人物，引领文化事业繁荣发展，是推动文化建设的重要基础和条件。

"河南省艺术名家推介工程"自 2011 年启动，旨在通过推介河南各艺术门类的领军人物，总结传播他们的艺术成就，激励文化艺术工作者百尺竿头再上层楼，引领河南文化艺术人才队伍健康成长，"河南省艺术名家推介工程丛书"的出版，就是对河南省艺术界各领域领军人物艺术成就的一次系统的总结和展示。

一个时代的文明高度，往往是那个时代的领军人物所代表的。在文艺领域，可以说一个时代的文化名家的成就，代表着这个时代这个领域的最高水准。因此，总结艺术名家的艺术经验，推广艺术名家的艺术成就，彰显艺术名家的职业精神，是非常必要的。当然，在艺术领域里，这些同志尚有更远的路要走，也希冀更多的人超越他们。而这些，正是我们所盼望的。

是为序。

2013 年 6 月 27 日

为艺有德乃是"大家"(代序)

赵新宝

　　河南省话剧院的表演艺术家吴广林，从艺四十多年来，在坚守数十载，倾注一腔血的艺术实践中，先后在话剧舞台和电视屏幕上塑造了多个鲜活生动的艺术形象，并深受广大观众和专家学者的好评。由他主演的电视剧《冤家》《风雨南庄》《颍河故事》《难忘岁月》和话剧《水上吉卜赛》《太行山人》《公仆》《宣和画院》《红旗渠》等，也数次荣膺中国电视"飞天奖""金鹰奖"和中宣部"五个一工程"奖、河南省委宣传部"五个一工程"奖，以及第十届中国艺术节文华大奖、中国话剧金狮奖、中国话剧表演学院奖最佳主角奖等骄人业绩。

　　就吴广林老师的舞台艺术才华和造诣来说，对他在话剧《宣和画院》中主演的李子信一角，有评论家说他"从舞台空间及生活境遇所呈现的互文状态中，由最初的研读剧本延及角色的人物分析，从排练场的一次次交流碰撞过渡至公演接受观众的检验，始终都不断发生着他和角色之间的心理呼应，由雾锁津渡的必然王国抵达驾驭角色形神兼备的自由王国，淋漓尽致地发挥出炉火纯青的表演功力，与所塑造的角色心神合一地相互附体"(黄海碧语)。对他在话剧《红旗渠》中塑造的杨贵这一形象,有专家夸赞"杨贵的出场,像一阵疾风,径直从舞台深处刮到观众面前。一种具有战略眼光,果敢坚毅又霸气十足,甚至有些自以为是的性格,已经跃然于舞台"(李春喜语)。更有赞许说:"我对演员的评价是:技术精湛、台词功力深厚、表演细致入微。戏曲对优秀演员的赞誉就叫他活曹操、活包公、活红娘,我看吴广林称得上是活杨贵。"(蒋志涛语)欧阳逸冰则不无诗意地说:"就这样,一座浮雕凸显出来了。棱角鲜明、线条粗犷、如电如火、热血沸腾,这是一条多么有血性的汉子。这是一个多么无畏的共产党人,敢于浑身布满伤痕,敢于抖落一身缺点,更敢于为人民的疾苦鞠躬尽瘁……"

在专家学者对吴广林老师表演艺术的赞誉和他多项个人优秀表演奖的光环之外,我想说的是,吴广林老师不仅是一位颇有艺术造诣的表演艺术家,也是一位艺德令人赞许的艺术劳动者。仅以话剧《红旗渠》的演出为例,自2011年6月上演以来,无论是参加河南省第十二届戏剧大赛、上海国际艺术节、第十届中国艺术节,还是走遍大半个中国的长期巡演;不管是走进校园简陋的舞台,还是辗转西南山区、江南小城的长途跋涉,甚或"送戏下乡"的露天高台,在400余场的演出中,他都能身先士卒、任劳任怨地和大家一起暑天汗流浃背、严冬带病登台,充分展现出了一个德艺双馨的艺术家应有的风范。所以,他能够赢得河南省五一劳动奖章,被文化部命名为"全国艺德标兵",这也是众望所期,实至名归。我想,正是这样一种文化态度和劳动精神,才有了他在舞台和屏幕上塑造的既有正气又有血有肉的鲜活形象。如果说到演员于台上台下、为人为艺的修养,我想这就是一种难得的境界。所谓"为艺有德乃为大家",便是这个道理了。

人类的灵魂需要爱与善的洗礼,人类的精神生活需要文化的滋润。尤其是我们行进在肩负着实现中华民族伟大复兴的"中国梦"的时代,作为文化人和戏剧人,更应怀有义不容辞的社会责任和历史使命赋予我们的文化担当。这就要求我们以社会主义核心价值观为精神指向,以艺术性、思想性、观赏性"三性统一"的标准统领艺术创作,创作出更多更好传播美、积极向上导扬善、鼓舞人民追求真的上乘之作,满足社会广大民众的精神需求。

很欣赏表演艺术家吴广林在他的表演艺术研讨会上说的话:"'路曼曼其修远兮,吾将上下而求索',对我来讲有些高有点大。'天天向上'或许做不到,而'好好学习'应该是我毕生的追求。"在所取得的成就面前,能有如此谦和的低调,相信他日后定会有更大的收获。借此机会,也预祝吴广林老师,在今后的艺术创作中,塑造出更多更好为观众喜爱的艺术形象,登临更高的艺术殿堂!

是为序。

目 录

001	吴广林	仰望话剧
		——我的话剧人生
055	谭静波	纵横天地间，游刃方寸地
		——品鉴话剧舞台上的"帅派"老生吴广林
062	侯耀忠	站在人生与艺术的接点上
		——吴广林与话剧《红旗渠》及其他
076	黄海碧	开悟见性的"戏痴"
		——话剧表演艺术家吴广林折射于舞台的角色灵光
083	王凯歌	论助推吴广林表演艺术提升的重要因素
		——以话剧《红旗渠》为个案
096	大 军 三 歌	为话剧而生
		——记我省著名话剧表演艺术家吴广林
105	杨守林	在坚守与探索中创造辉煌
		——简评吴广林话剧表演艺术的足迹与发展趋向
114	李发军	我所认识的吴广林

119	刘景亮	感悟吴广林的表演艺术
123	陈　鹏	偶然之间 ——浅识国家一级演员吴广林
130	刘彦君	戏痴吴广林 ——谈吴广林在《红旗渠》中的表演
138	沈保平	酒是陈的香 ——写在"吴广林表演艺术研讨会"召开之日
141	宋丹平	艺海求索　舞台骄子 ——我认识的吴广林
145	都　晓	河南的吴广林和他的电视剧表演艺术
148	庞建民 郭　怡	广林，祝贺你！
150	杨　林	"拗蛋"广林
155	陈　鹏	国家一级演员吴广林访谈
162		吴广林表演艺术研讨会纪要
199		吴广林艺术年谱

仰望话剧
——我的话剧人生

吴广林

一

在我儿时的记忆里,开封城好大好大,马路很宽很宽,街道很远很远。总觉得日子像放慢的镜头,很长很长,很慢很慢。数着星星过,数着月亮过,数着太阳过。随着年龄逐渐长大,城小了,路窄了,街近了。时光像长了翅膀,日短了,月缩了,年快了。月月年年如白驹过隙,眨眼间,半个多世纪过去了,可小时候的那点事总在眼前晃动……

我是听着父亲的故事长大的。小时候,每每到睡觉的时候,就总缠着父亲讲故事,否则绝不闭眼,父亲无奈只好顺着我。父亲文化水平不高,只上过几天私塾。他讲的也就是他所看过的戏,《三国》《水浒》《包公小出身》《薛仁贵征西》《白蛇传》《陈三两爬堂》等。一天一个故事,我真的记不清讲了多少。说起《三国》《水浒》,父亲眉飞色舞,谈笑风生;说起《王宝钏寒窑十八载》,父亲赞许敬重;说起《陈三两爬堂》,父亲眼含泪光,同情崇敬;说起《陈世美》,父亲义愤填膺。这些故事的结局都是不杀奸臣不收场的。我相信父亲并不是有意教我什么,他只是完成一个父亲的职责,却在无意间使我明白了很多。懵懂中,这些中国的传统文化深深地渗进我的骨髓,融入我的血液。它使我懂得了什么叫英雄、忠义,何为正直、善良,也基本奠定了我一辈子的人生观。

二

我的少年时期是在贫困中度过的。兄弟姊妹六个,上有一个奶奶,加上父母总共9口人,全靠父亲每月50多元的工资养活。吃饭穿衣,亲来戚往,还要交付每个孩子的学杂费。住的是两间半房,其实就是一大间加半间。在我的记忆里,家里除了床再也看不到任何家具,真不敢想日子是怎么过的。那时,我最大的梦想就是啥时候能穿上一件不是手缝的而是机器做的衣裳。这话现在的孩子们听起来肯定觉得很好笑。平日里,我很少看到父亲的笑脸,生活的重担压得他喘不过气来。

记得14岁那年,有一次吃午饭,我刚要伸手夹菜,父亲猛地用筷子敲了一下我的手,一脸严肃地说:"先不要吃饭,好好想一想个人前途问题,你都14了,将来怎么办?总不能让家里养活你一辈子!"我一愣,眼泪夺眶而出,委屈地低下头无声地抽泣,片刻起身就向外走。母亲急忙拦住我,递给我一碗饭,我站在街上顶着烈烈的日头吃了一碗热泪拌面条。放下碗,就背起书包去了学校,一个人在教室里呆呆地坐了一个中午。我突然觉得世界好冷好静。这是父亲第一次触动我灵魂的谈话,也可以说这是我心灵的第一次成长。我暗暗发誓:"一定要尽早离开这个家,再也不靠父母养活自己。"从此,我有了心事,无忧无虑的童年离我远去。

我的少年虽然贫穷,却依然是快乐的。如果现在让我描绘我的少年,我还是想用"金色"二字来形容它。我的快乐是缘于样板戏,也是样板戏使我走上了文艺道路。当时正值"文革"时期,物质匮乏,精神文化生活比较单一。影剧院里除了几部老电影,几乎全部都是样板戏。那是一个贫穷的时代,家家户户的生活水平、生活方式都差不多,别说电视机了,谁家能有一台小小的收音机就显得很"牛"了。当时社会上流行的奢侈品叫"三转一响"。三转,即手表、自行车、缝纫机;一响,即收音机。谁家买了一辆自行车,半条街的人都会围过来兴致勃勃地品头论足,相当于现在谁家买了一辆豪车。"三转一响"几乎是每一个家庭的梦想。为了能使伟大领袖毛主席的最新指示及时传达到各家各户，公家给每家安装了一个有线小喇叭。小喇叭早中晚每天播三次，内容除了新闻就是革命歌曲和样板戏。别小看这个小喇叭，它可是我当时唯一的精神文化生活。每天早上唱着样板戏上学，中午听着样板戏吃饭，晚上品着样板戏入眠。正是因为这个小喇叭，我才喜欢上了样板戏。人的潜能有时真的很惊人，仅凭小喇叭的记忆，小小的我居然能把很多样板戏从头到尾，不管是过门儿唱腔还是台词音乐，也不分男的女的，老的少的，正派反派，主角配角，甚至锣鼓点儿都一丝不差地背下来。同学们经常在一起比试看谁背得多背得准，当然我赢的时候多一些。而同学之间的经常比试，更激发了我对样板戏的兴趣。感谢父母给了我一副好嗓子，既高，又宽，且纯，我感觉似乎没有唱不上去的高音，弹着琉璃蛋儿就可以把杨子荣《打虎上山》一段轻松拿下，而且口不喘，气不嘘。那时我不懂男孩儿大了还有个变声期，只知道我有一条好声带，无论什么歌曲，什么戏我都能唱，而且唱得惟妙惟肖，声音质量很高。

有一个夏天的晚上，全家在门口刚吃完晚饭，父亲突然提出要我唱《智取威虎山》中少剑波的唱段"朔风吹，林涛吼……"，这是父亲最爱听的一段。我当时虽然年龄不大，可已知道了害羞，不好意思当着众人唱，就扭捏推托。可父亲一再催促，我只好妥协，但表示不在街上唱，要唱就进屋里。说实话，我家上追三代从没人唱过戏，这可是破天荒的第一次。当我闭着眼，咬着牙，强撑着把这段样板戏唱完，走出门一看，我懵顶了，原来半条街的街坊邻居都围在我家门口听我唱，有的蹲着，有的站着，我听不清他们在说什么，只看见他们在鼓掌。我脸一红扭身进了屋，猛地趴在了床上。此刻，我心里是三分羞涩，三分兴奋，四分自豪。那天晚上，全家人都十分兴奋，父亲的脸上也露出了难以看到的微笑。在我的记忆里，这是我们家在那个文化娱乐生活极其贫瘠的年代最为快乐的一个晚上。

三

开封市第七中学，是我一辈子难以忘怀的地方，在这里，我度过了青少年的宝贵时光，也留下了我走向艺术道路的串串脚印。我难忘严厉善良的班主任，难忘我至今都敬佩得五体投地的音乐老师,难忘那一帮谈天说地的同学哥们儿。

学校的原址是座文庙,是敬奉孔子的地方,学校所在的街道由此取名文庙街。我入校的时候已不见了文庙正殿,可能是随着年代久远已坍塌,也可能是扩建学校的时候被拆除,只留下一排偏殿,而且长满荒草。我记得学校的大门是一座古牌坊,精雕细琢,古香古色,比徐府街山陕甘会馆的牌坊要高大很多,非常气派,现在已作为文物保留下来。当时学校按部队编制,以"连、排"排序,"连"相当于现在的年级,"排"相当于班,班主任称教导员,我们班叫五连一排,是学校命名的"尖刀排",在开封市第七中学可以说是鼎鼎大名。出名,是因为我们的班主任,也因为我们九位要好的同学。班主任叫牛坤先,一个精明利索的女同志,个子不高,戴副眼镜,相当严厉,同学们都怕她。在那个"造反有理"的年代,牛老师凭着学识和智慧,把我们班治理得井井有条。我们九个要好的同学也非常争气,无论在学习、文艺、纪律、体育,甚至办板报、出墙报,都个个带头,样样领先。我们喷水浒,论三国,谈理想,偶尔也兴致勃勃地品评一下样板戏,被称为"刀尖儿上的钢"。

一天放学,牛老师让我们九个留下,说学校要举行文艺汇演,让我们准备个节目,内容样式自选。我们匆匆回家吃了晚饭,又都急忙赶回学校。教室当时没有电灯,我们点上蜡烛,兴奋异常地围坐在一起,举行了可能是决定我一生命运的"九人会议"。在那晃动闪烁的烛光下,大家你一言我一语,各抒己见,最后做出了一个大胆的决定:排演革命样板戏《红灯记》第五场"赴宴斗鸠山"。当下便分了角色,由我扮演李玉和,我的同桌演鸠山,另外谁演王连举,谁演伍长,谁演打手,统统搞定。那时,小小年纪的我们根本不懂名利为何物,只有一个念头:"为了五连一排,为了集体的荣誉。"现在想想,真有些后怕,就是专业团体复排这么一大场样板戏也要掂量再三,而我们这群初生的牛犊,不知天高地厚的孩子,怎么就这样胆大包天?真是"无知者无畏"啊!

第二天一早,我们向牛老师汇报了"九人会议"结果,老师二话不说,毫不犹豫地同意了我们的想法。

就在那天晚上,我们早早去了学校,点上蜡烛,挪开课桌,便开始了排练。有戏的演戏,没戏的当导演,老师则在自己的办公室批改作业陪伴着我们。说着容易做着难,台词唱腔没问题,但想仅凭记忆就把全场每个人物的一招一式呈现在舞台上,可不是那么简单。我们争执着,辩论着,慢慢地排不下去了。我们商量着再去看一遍电影《红灯记》,可票钱却又成了问题。当时一张电影票价格是一毛五,九个人便是一块三毛五。当时家家都不富裕,就是找父母要五分钱也难以启齿。怎么办?最后我们决定:看一场"逃票"电影!

第二天晚上,我们九人便从一个同学家的院墙,一个接一个翻进剧场。当我们正在庆幸成功时,却被工作人员发现,来了个一窝端。我们被带进值班室,先是一个一个问姓甚名谁,所在学校,所在班级,老师姓名,接下来便是一顿狠批猛吵。我们被扣了很长时间,等电影放完了,观众走光了,才放我们回家。当晚我们定下了攻守同盟,谁也不许把消息走露出去。第二天到了学校,九个人都装作没事人似的。没成想,老师突然把我们九人叫到办公室,开口便问:"你们几个昨晚干什么去了?"我们面面相觑不敢吭声,心想:"莫非我们中间出了叛徒?要么就是电影院通知了学校?"不管怎样,反正是包不住了,就你一言我一语,把事情的原委全盘托出。老师听完什么话都没说,只是用有些异样的眼光盯了我们半天,起身走了出去。回到教室,我们心里七上八下,为什么老师没有一句批评,没有一句责备?会不会通知家长?接下来发生的事,我们谁也没想到。就在那天中午,牛坤先老师亲自跑到电影院,给我们每人买了一张电影票。手里拿着沉甸甸的电影票,我们心里五味杂陈,竟然没有一人说声"谢谢"。九张电影票一块三毛五,这可是她一天的工资,她也要养家糊口啊!如果批评一顿写个检查,我们心里也许会好受些,然而现在这种结果使我们感到无法言表的深深内疚。这天晚上看电影,可以说是我人生中最认真的一次,我目不转睛地盯着银幕,恨不得把影片嚼巴嚼巴咽到肚里。接下来,晚上的排练照常进行,老师依然在办公室陪着我们,而教室里却少了几分癫狂浮躁,多了几许认真严肃。还真应了当年的那句口号:"人有多大胆,地有多大产。"我们九个人愣是凭着记忆,把《红灯记》第五场像模像样地排出来了。

我的音乐老师姓侯名震。一米八的个儿,清瘦俊朗,声乐、作曲、指挥、乐理轻车熟路,二胡、京胡、钢琴、手风琴、小提琴、大提琴样样精通,就连长笛、小号、长号也经常演奏,真可称得上音乐方面的全才。在他的带领下,学校组织起了一支交响乐队。交响乐队在开封市赫赫有名,风靡一时。在我眼里,他是一个"奇人""神人",开封话叫"妖怪",正是他指引我走上了艺术道路。现在想想,不知道他怎么会到一个中学当教师,按他的专业水平,就是到各大专业艺术团体,也是数一数二的人物。我们的《红灯记》第五场连排时,牛老师请他前来观看。看着我们的演出,他两眼放光,兴奋不已,随即拿来京胡,让我跟着他的伴奏唱。说来也怪,从来没跟过乐器的我,居然跟着京胡一板一眼完整地唱了下来,而且严丝合缝。唱完以后,侯震老师不无遗憾地说:"这个调儿对你来讲还是有点低,可我已经把京胡调到最高了,除非把京胡锯掉半寸,但也只能提高半个音。"听得出来,老师在夸我嗓子好。接着,他主动提出加盟演出,这使我们像一群叫花子遇见皇帝住进了皇宫,我们喜悦自豪,我们诚惶诚恐,我们摩拳擦掌,我们信心倍增。随后,牛老师托亲戚、求朋友帮我们借来了服装,还自己掏腰包,买了四个又大又红的苹果当道具。

全校文艺汇演那一天,我们紧张有序,忙而不乱,各司其职,谁管道具,谁管服装,谁管催场,个个"门儿清"。我走上舞台,一开口便赢得了"满堂彩"。接下来就顺理成章,整个演出非常顺利。谁知该结束时,意想不到的事情却发生了,当我饰演的李玉和拿起帽子准备下场时,帽子竟脱手掉在地上,眼见它骨碌碌滚到台口,说来也怪,从来没上过舞台的我居然一点儿都不紧张,不慌不忙走向台口,弯腰捡起帽子,并轻轻弹了弹帽子上的灰,然后,迈着四方步从容下场,全场掌声雷动。

"帽子门"事件不但没有影响演出效果,反而变成了一段佳话,和我同在一个学校读书的姐姐事后夸我:"你在舞台上真老练。"牛老师拍着我的头非常认真地说:"你将来可以去当演员。"

《红灯记》的演出大获全胜,一下子轰动了全校,给五连一排抹上了一层神秘的色彩,也使我们九个小伙伴在全校出了名,走在路上,总会被别的同学多看上两眼。从那以后,我们的《红灯记》从学校演到区里,从区里演到市里。上工厂,下部队,到农村,几乎每周都会收到演出邀请,成了学校的品牌。频繁的演出无形中树立了我在舞台上的自信心。如今,在舞台上摸爬滚打几十年的我越来越明白,自信对一个演员是何等的重要,"自信是演员的生命"。当演员在舞台上塑造角色时,必须树立起自信,认为"我是最好的",只有这样,才能游刃有余,尽情发挥。

很长一段日子,我是唱着样板戏在掌声和赞扬声中度过的,好像一直生活在梦境,那是一个七彩斑斓的艺术之梦。

四

高中即将毕业,何去何从?一下子,我从梦中醒来,又回到了现实。那个年代,毕业后的选择只有一个,那就是上山下乡,接受贫下中农再教育。我的大姐大我好多岁,毕业那年,她积极响应毛主席"知识青年到农村去"的伟大号召,到西平县插队落户。我还记得,那是一个干冷的隆冬,天阴沉着,我和母亲一起到火车站送她。姐姐坐的是一节闷罐儿车,透过窄小的窗口,她兴奋地挥着手渐渐远去。回家路上,母亲怔怔地望着前方,一句话不说,一不小心被一条铁轨绊倒,却好像什么感觉也没有。回到家里,母亲一下扑到床上,伤心地哭了好久好久,声音很惨很惨。在我的记忆里,这是母亲哭得最痛心的一次。虽然那时我小,懵懵懂懂,但母亲伤心的哭声让我明白上山下乡意味着什么。二姐大我不多,她毕业那年,父亲多次跑到街道办事处,经过再三恳求,最终把她留了下来。当时国家有个政策,多子女的,可以留一个在父母身边。剩下的事我心里就明白了,父亲是要我去当知青。我非常理解父亲,我知道,一个男孩儿到农村去,总比女孩儿安全得多。父亲在无声地教育我:"一个男人要敢于担当!"

那一年,我的个头长得特别快,好像拔着长似的,从一米六八一下子长到一米八零。我常常感恩上苍,感恩命运,因为当我每每遇到坎儿时,冥冥之中,总感觉有个神灵在庇佑着我,眷顾着我。就在我面对上山下乡一筹莫展的时候,命运之神向我敞开了大门。一天,侯震老师把我叫到办公室,告诉我:"河南省话剧团来开封招生了,你去考考吧。"我问:"话剧是干什么的?"他说:"是从国外传过来的,在咱们这儿叫文明戏。"我问:"我行吗?"他说:"应该没问题。"第二天,侯老师亲自带我去考试,没想到竟顺利通过了。随后,我偷偷瞒着家人参加了郑州的复试。考试的具体内容我已记不清了,只记得考生很多,台下坐满了老师,我还唱了一段《红灯记》中李玉和的唱段"穷人的孩子早当家"。接下来,便是漫长的等待。我心里清楚,这可能是我唯一的出路。我每天路过学校传达室,都会悄悄跑过去,看看有没有我的信件,我在期待着录取通知书的到来。随着时间一天天过去,我的心渐渐焦虑起来。

一天中午放学,老师通知所有男生到医院检查身体,说部队要招飞行员。大家听了非常兴奋,虽然知道机会渺茫,但还是争先恐后地报了名。那时候,能当上飞行员可是件天大的好事。俗话说乐极生悲,检查身体的时候,我一不小心踩到地下放衣服的席子,一个医生对我大发雷霆,话说得很难听。一向腼腆的我,不知哪儿来那么大的脾气,穿上衣服,手指那个医生说:"我告诉你,老子不当这个飞行员了!"说完我扭身就走,老师同学谁也拦不住。回到家中,我独自一人躺在床上生闷气。这时,门外响起一个声音:"家里有人吗?"当时,父母都不在家,我就赶忙跑了出去。我看见是话剧团的郭子良老师,他手拿通知书笑呵呵地对我说:"你已被河南省话剧团正式录取了。"可能是受刚才情绪的影响,说真的,我当时并没有进入状态。接着,郭老师向我交代了具体出发时间和要准备的物品。这时,我才回过神儿来,仿佛一下从地狱飞向了天堂:我被录取了,我可以自己养活自己了!我激动得心像怀揣兔子般怦怦直跳,喜悦的泪水夺眶而出。我飞快地向学校跑去,第一时间向牛老师、侯老师和同学们报告。我向他们一一告别,回家的时候天已擦黑。见到父亲,我站在他面前,好像瞬间长大了好几岁,低下头慢慢地说:"我就要去参加工作了,明天中午的火车。"父亲愣了愣,问:"什么工作?"我说:"河南省话剧团。"父亲不解:"什么剧团?唱戏的?"我急忙解释:"不是唱戏,是演文明戏的。"父亲似懂非懂地"哦"了一声。我拿出录取通知书让他看,他似看非看地随手放在床上,就再也没说什么。这时我才感觉饿了,饿得肠子疼。母亲赶忙热饭,恰巧是我最爱吃的羊肉糊汤面。可面太热吃不下,父亲又一连给我盛了四碗,放成一排晾着。不一会儿,五碗面让我吃了个底朝天。这是我离家前吃的最后一顿结结实实的饱饭。当晚,全家人在昏暗的灯光下说了很多话,说的什么,我已记不得了。夜里,我躺在床上思前想后,无法入眠。突然,我听到一阵低沉的哭声,借着微弱的光,我发现父亲的被子在抖动。此刻我才明白父亲是多么爱我,他不想让我离开这个家呀!

第二天一早,母亲倾其所有,给我置办了一身新衣服、新铺盖。俗话说:"富人出门讲究吃,穷人出门讲究穿。"临走时,母亲塞到我手里五块钱,在那个年代,这可是一笔不小的数目。娘啊,这么多钱我可怎么花呀!

我清楚地记得,那天是1973年12月26日,恰好是毛泽东同志的诞辰。时间定格在上午11点40分,列车一声长鸣,缓缓西去。我挥手告别故乡,告别养育我的父母,今生从此独立!

五

我终于找到了"吃饭的地儿",而且是"公饭"。

进了团以后我才知道,我们这30名学员招得非常严格。团长说了都不算,只有大伙儿通过了才行。为了一个学员的眼大眼小,腿长腿短,个高个低,脸长脸短,老师们互相之间争得脸红脖子粗,吵得一塌糊涂。竞争激烈程度,不亚于中央戏剧学院招生。有人开玩笑说:"当初你们找对象,也没像现在这么认真。"所以,这30名学员可以说是千里挑一,一个赛一个。因为那个年代大学不招生,社会上也没有什么就业机会,人们就只好往文艺界"扎堆儿"。当时,金世驯老师和我们进行了一次谈话,至今我还记忆犹新。他说:"知道你们都是学校的精英,都是'能蛋'。不是'能蛋'还不招你们呢。可你们到了话剧团都是'笨蛋'。话剧对你们来说是一个陌生世界,你们必须放下架子,从头学起,从零开始。"

我与话剧的因缘,就像电影里的李双双和孙喜旺,是"先结婚后恋爱"。从单纯为了"吃饭"到感到新鲜,感到神秘,从慢慢喜爱到深入痴迷,经历了一个循序渐进的过程。在以后的日子里,老师给我们上课,形体课、声乐课、台词课、表演课,天天排得很满,要求也极其严格。我像被洗了脑一样,满脑子都是斯坦尼,布莱希特,体验体现,"发现、判断、决策"……每一天都有新课题,每一次都有新感受,每一回都有新收获。渐渐地,我感到我正在从事一项充满神奇而伟大的工作。文学是写人的,戏剧是演人的,而人又是这个世界上最有灵性、最为复杂、最难捉摸的动物。要想把一个人物活灵活现、惟妙惟肖地展现在舞台上,谈何容易!可见,"创造人物"无疑是一项极具智商的高级活动。演员可以在舞台上"过活"很多人生,体味一般人体会不到的思想感情;可以通过自己在舞台上的一言一行告诉人们,什么是真,什么是假,什么是善,什么是恶,什么是美,什么是丑;可以通过人物的"大白话",道出人生大道理……这一切的一切都在强烈吸引着我,诱惑着我,就连窗前晃动的槐树叶,也能勾起我无限遐想。走进排演场,我就像一个虔诚的佛教徒迈入了神圣的殿堂。我徜徉在艺术的海洋里,生活在如诗如画的世界中。

学员班的生活忙碌而充实。我们像一块块干透的海绵,拼命吮吸着艺术的汁液。为了一个小品,我们苦思冥想;为了一个声音位置,我们苦琢死磨;为了一句台词处理,我们千思万虑;为了一个美学上最原始的问题——"美是客观存在的,还是人类赋予的",我们居然争论了三年。那个较真劲儿,现在想想真是值得回味。

那些年,正是话剧的火红年代。一个戏还没排出来,十几场的戏票就全部卖光了。最紧张的时候,演员每天两个人合一张票,今天你用,明天我用。因为演出市场的火爆,如果某个剧团排出一部好戏,全国的剧团便纷纷前去观摩移植。省话剧团那时也移植了不少戏,如《年轻的一代》《边疆新苗》《枫树湾》《万水千山》等,但让我印象最深的,还是西安人民艺术剧院的《西安事变》。当时省话剧团决定移植该戏,组织全团演员前去观摩。那一天,记不清是什么原因,我们到剧场时,第一场戏已经开演。剧场规定演出的时候观众不得入场,我们只好站在门外,焦急地等待第一场结束。我们是从第二场看的。舞台上的张学良个子不高,其貌不扬,还略微有些驼背。我心想:"这是张学良吗?"但是,随着剧情的深入,我被演员的个人魅力所吸引。我记得,当时剧场没装扩音设备,但他的台词我听得一清二楚。舞台上的张学良是那样潇洒倜傥,演员精湛的演技让我看得如痴如醉。尤其是"捉蒋"那场戏,他坐在沙发上,静静地等待捉蒋的消息。突然,电话铃响起,他竟浑然不觉。铃声再响,他像弹簧一样跃起,手刚要接触电话却骤然停住,片刻又猛地拿起电话。当他听到活捉蒋介石的消息后,像一摊泥猛地瘫坐在沙发上。接着,他兴奋地抓起大衣,在头上转了两圈猛然甩了出去,随即大喊一声:"备车!"整个表演如行云流水,一气呵成。尤其是那甩大衣的动作,甩得潇洒,甩得帅气,让人拍案叫绝,把张学良此时此刻的心情表现得酣畅淋漓。当时,我看傻了,心想:"话剧还能这样演?"这是一位伟大的演员,也是我最为敬佩的艺术家。他的名字叫曹景阳,圈外人可能陌生,话剧界的人应该都知道他。他的表演艺术,使我对戏剧产生了敬畏,也为我的戏剧观的形成埋下了种子。

演员是一个被动的职业,命运总是掌握在别人手里。每当团里排新戏分角色的时候,也是我最激动、最忐忑、最紧张的时刻。我多么渴望能分到一个自己喜欢的角色。可当时是僧多粥少,一代又一代的演员很多很多,想分到一个角色谈何容易,就是分到一句报告词,自己也会兴奋半夜。看到比我们年龄大的同学分到了角色,心里好生羡慕;自己没有角色,心里就无比失落。每到此时,我总爱独自一人漫步金水路,以调整心情。我常常这样鼓励自己:"还有时间,还有将来,还有下一次。"20世纪70年代的金水路好静好美,大白天街上也没几个行人。尤其到了秋天,满地的法国梧桐树叶,远远望去,简直就是一幅色彩浓郁的西洋油画。

  我参加演出的第一部戏叫《雷雨之前》,是一个反映部队气象站生活的独幕剧,导演是我们剧院的老师贾鹤鸣和张世发。我饰演炊事兵小韩,角色虽然不大但我十分喜欢。剧的开头是这样的:气象员预报当日晴天,小韩就没带雨衣下山买豆腐去了。没成想,回来的路上遇见瓢泼大雨,一下子把他淋成了落汤鸡。全剧由我开头,第一句台词是一声喷嚏。排练那天,我刚把喷嚏打完,老师立马叫停说:"你这太生活了,简直就是自然主义。"我心想:"话剧表演不是要求生活、真实、自然吗?"老师看我满脸疑惑,便亲自做了示范。贾老师那一声喷嚏打得真叫绝,比生活还生活,比真实还真实,一下子就把人物的性格、心态、规定情境表现得淋漓尽致。老师的示范使我明白了生活真实并不等于舞台真实。舞台真实是生活真实的高度提炼、提升、外化。可表演艺术是实践的艺术,理论上弄懂了,未必就能在舞台上体现出来。我就跟着老师从内心到外部,一个眼神,一个动作,一招一式地模仿。我庆幸我人生的第一次角色创造,是在老师的正确指引下,手把手扶着完成的。该剧演出后,反映还不错,老师们夸我在舞台上挺松弛。通过这个戏的排练,我不敢说收获有多大,但起码让我知道了什么是正确的表演。到现在我才明白,一个演员的表演入门是何等的重要。在这里,我想真诚地提醒年轻演员,你的第一次一定要在老师的正确指引下进行,不求有功,但求无过。一旦你踏上错误的表演道路,自己却浑然不觉,后果将不堪设想,就像一个女人"找错了丈夫,嫁错了郎",命运很难收拾。正确的表演道路和错误的表演道路,犹如一个"剪刀叉"。我为什么不用"南辕北辙"来形容它呢?因为南辕北辙的表演不存在,演员自己就可以明确判断出这是错误的。而"剪刀叉"却不然,起点一样且方向大致相同,使演员很难判断自己是正确的还是错误的,很容易产生误导。如不及时矫正,失之毫厘,谬以千里,天长日久,就会不知不觉在错误的道路上越走越远。有人说,从错误的道路上往回返很难很难;有人说,一旦踏错门投错老师将永远回不来。经过多年思考,我更倾向于后者。

《雷雨之前》演出了很多场,但大多是慰问性质的演出。在那个吃饭要粮票、穿衣要布票的年代,我们最高兴的就是到部队慰问演出。因为部队吃得好,有"硬菜"。提起部队,让我想起了一辈子刻骨铭心的一件事。有一次,到部队演出,我一上场刚打完喷嚏,没料想,自行车上装着豆腐的水桶掉在地上。这时我就有点儿想笑场,但忍了忍还是憋住了。气象员赶忙上前帮我绑好水桶。我刚要推车走,水桶又掉了,而且是口朝下猛地扣在地上。我再也控制不住自己,可怕的笑场开始了。我蹲在地上捂着肚子笑,对手演员受我的影响也跟着笑,戏再也进行不下去了。笑场真是可怕,它像恶魔附体,笑鬼缠身,自己吓得心里发颤,可就是不当自己的家。我记不清笑了多长时间,也不知道是怎么把这场戏演完的。到了用餐的时候,我不敢也不想去吃饭,便一个人躲在一边生闷气。老师也没派人来找我,硬是生生饿了一顿。我的同屋伙伴可能至今都不知道,那天夜里,我蒙着被子偷偷哭了半夜。第二天,老师见了我也没批评,只是告诉我:"笑场是个坏毛病,一旦形成习惯性笑场,对一个演员来讲很难纠正。"这句话我记了一辈子。世界上的事情都是一分为二的,坏事有时可能变为好事。自从那次笑场事件以后,直至今天,我再也没有犯过此类错误。

六

艰苦的岁月往往令人回味,难熬的日子记忆最为深刻。我常常回忆起在太行山的那段难忘日子,脑海里经常闪现出那一组组发黄的黑白照片……

39年前,也就是1975年,省话剧团学员班30多人乘着一辆解放牌卡车,兴抖抖地奔赴太行山,进行为期6个月的体验生活。我们一路高唱着"劈开太行山,漳河穿山来",大有"喝令三山五岳开道"的气势。面对群山,我们一个接一个大声吼着,比谁的回声多、谁的回声远。我们都是城市长大的孩子,当时交通又不便,走这么远的路、进这么深的山恐怕都是有生以来第一次。这里的一草一木、一石一山,我们都觉得别样新鲜。

我们的劳动地点在三交口水库。它位于辉县境内,条件相对艰苦。因三条路在这里交会,一条通往山西,一条通往辉县,一条通往林县,故而取名"三交口"。

第一天上工地劳动就闹了个大笑话。天蒙蒙亮,激越的军号声把我们从梦中叫醒。我们排成两队兴冲冲地赶到工地。没想到,老百姓见了我们拔腿就跑,远远地站在山坡上,用惊恐的目光审视着我们这群人。我们心里直纳闷儿,一问才知道,老百姓见我们每人穿一身国民党军服,误把我们当成国民党战犯了。我们赶忙解释:"这是剧团发给我们的'劳动服',我们是演员,来体验生活的。"顷刻间,整个工地一片笑声。

三交口村依山傍水,景色很美。我们发现村边浅浅的小河里有鱼,最大的有一拃多长。这下我们高兴坏了,纷纷下河去捞。这时,村民们匆匆跑过来冲我们喊:"这是'天虫',有灵性,可不敢吃!"从此,我们这些"小资产阶级"就只好入乡随俗了。这里不通电,到了晚上一片漆黑。夜里躺在被窝里,隐约还能听到远处阵阵的狼嚎声。

我们和当地山民一样,每天干的都是砸石头,抬石头,推石头,搬石头,背石头,运石头。团领导要求我们必须和农民"三同"(同吃,同住,同劳动),就连劳动定额也必须一样,任何人都不允许搞特殊。我被分到运石队,一辆架子车三个人,每天从山上往工地运送3.6方石头,完不成指标谁也不许收工。从选石,开石,破石,到搬石,运石,卸石,山上山下,每天不知要跑多少趟。俗话说:望山跑死马。所以,每天都是满负荷超体力的劳动。

和太行山打交道可不是闹着玩儿的,稍不留神就会酿成大祸。有一回,我拉着架子车往山下运石料,因为车速过快收不住脚,拐弯儿的时候,架子车左轮猛地撞在石头上,车子一下被掀翻,滚进几丈深的山沟,吓得我脸色煞白,现在想起来还有些后怕,幸亏那次我肩上没挂襻带,要不然肯定是车毁人亡。采石工地的山坡上,经常会出现滚石,撞上了就会皮开肉绽。农民告诉我们,遇到滚石千万不能乱跑,一定要眼睛盯着石头然后躲开。学员班的郑力,初到工地没有经验,见有滚石就慌不择路,一块不大的石头正好砸在他的脚踝上,他捂着脚坐在了地上。我们跑过去一看都吓傻了,只见一个一寸多长的三角伤口像人的嘴一样张开着。奇怪的是竟没有流一滴血,只看见白花花的骨头。我们赶忙轮流把他背到工地卫生所。卫生所很简陋,只有一只药箱,一个卫生员。卫生员看了看郑力的伤口,说伤口太大需要缝针,就从药箱里扒出一根很长且生了锈的弯针。我们一看不对劲儿,就赶忙

● 话剧《太行山人》剧照（饰演吴金印）

● 电视连续剧《冤家》剧照（饰演春义）

问:"这针怎么这么大?"卫生员说:"这是给牲畜缝伤口的针,没办法,只有这个了。"接着便用碘酒擦了擦针缝了起来。这场面令我心惊胆战,扭身跑了出去,心里喊着:"天爷啊,这位卫生员竟然是个兽医。"今天想起来,我们应该感谢他,在当时的困难条件下,他也只能这样了。

中国有句老话叫"饥饿难挨"。没有经受过饥饿的人,永远不会理解这四个字的真正含义。在太行山的几个月里,我们没有吃过一滴油,唯一的青菜就是一大缸萝卜条,口感咸咸的,酸酸的,面面的,当地人叫"沤缸菜"。那是个缺粮的年代,晚上不干活,工地就不再供给干粮,晚饭只有玉米面稀粥。当时我们都是20岁左右的小伙子,就是吃了石子也能消化,更何况每天的工作量那么大。虽然玉米面稀粥能把肚子吃个溜圆,可怎么也撑不到10点钟,饿得心慌。我们只好"夜半三更哟,盼天明",到了早晨,就可以吃上硬得能砸死人的黄面馍馍了。学员班的姐妹们听说我们晚上没干粮,就主动提出每人省出半份口粮支援我们。听到这个消息,我们是既高兴又感动。到了晚上,就派四个人去女生工地背干粮。十多里的山路,一来一回需要两个多小时,我们就坐在路边等着。一看到远处有亮光,我们就飞快地迎过去。每人一个馒头,还没走到家就已吃完。虽说没有吃饱,但最起码可以入睡了。

中午是采石工地放炮的时间。记得有一天,我们正围在院子里吃午饭,随着一声巨响,一块人头大小的石头呼啸而来,咚的一声砸在院子中央。我们吓坏了,如果石块往左一米或往右一米,那后果将不堪设想,不是有人筋断骨折,就是有人魂散命丧。当时我惊得猛然站起,没料想,却一屁股坐在身后的一堆圪针(一种荆棘类植物)棵上。当同学们把我拉起时,屁股上已扎满了圪针刺。那天下午,也是我在太行山唯一的半天休息。到了晚上,满屁股的肉中刺疼得我龇牙咧嘴难以入睡。实在没办法,我叫来了民工锁金,还有同学沈保平,求他们帮忙,两人一个打灯一个挑刺,愣是干了一个通宵。那是一个难熬的夜晚,数不清挑出了多少根刺,我心里明白,一根圪针就是一份情,从此,我们便成了终生的好朋友。保平自不必说,我们哥们儿几十年在一起摸爬滚打,锁金至今还经常来往。

艰苦的生活终于挺过来了,太行山的石头把我们打磨成了地地道道的农民。在太行山的生活即将结束时,团领导指示我们给工地创作一台文艺节目。这一下让大家兴奋不已,就好像"龙归大海鸟入林",我们终于又回到了久违的艺术天地。

几个月的太行山生活,给我们提供了大量的创作素材,大家的创作热情异常高涨。没用几天,我们就创作出了一台生动活泼、丰富多彩的节目,有舞蹈、大合唱、小合唱、小品、相声、快板、京剧、豫剧、诗朗诵等。工地指挥部破天荒地为我们改善了一顿伙食,每人一大碗盐水煮白肉。虽然皮上还带着没择净的猪毛,可我们还是连肉带油全部吞下肚去,以至于有的同学拉起了肚子。

那次演出恰好是五一国际劳动节,演出场地选择在工地大坝上,点起了很多汽灯照明。工地指挥部调集了八个公社的民工前来观看,大坝上人山人海。我在一个舞蹈中担任领舞,虽然不够专业,但跳得也算是激情澎湃。我们演的唱的都是工地上的真人真事,表达的都是真情实感,因此越发显得生动鲜活。台上台下群情沸腾,掌声笑声汇成一片,整个大山沉浸在欢乐的气氛中。

进山时那光秃秃的山头,如今已是满眼青翠。我们回家的汽车刚刚启动,突然,那激越的出工号声又一次在耳边响起。号声过后,本应人声鼎沸、热火朝天的工地上却依然沉静。我们抬眼一看,山道两旁站满了送行的人们,个个眼睛里闪烁着惜别的泪光。我看到"没出息"的锁金正躲在人群里悄悄抹眼泪,那情景让我至今难忘。我真想大声对他们说些什么,可什么也说不出口,此时此刻,说什么都显得苍白无力。我们就这样默默地眼含热泪挥手告别。一晃几十年过去了,可那一个个熟悉的身影却依然清晰,犹如一幅幅照片,永远地定格在我的心中。

太行山,让我进行了一次脱胎换骨的改造,完成了一回灵魂的涅槃。它使我懂得了什么叫艰苦,什么叫奋斗,什么是英雄,什么是牺牲。它让我们明白了什么叫饥饿,什么叫坚韧,什么是兄弟,什么是战友。太行山的那段难忘岁月,是我人生记忆的精神宝库,也成为我创造角色取之不尽、用之不竭的生活源泉。

七

话剧是语言的艺术。剧作者创作出的人物语言,需要通过演员之口说出,演员在念台词时,既要符合生活规律,又不能等同于自然生活,这是对台词的基本要求。对一个话剧演员来说,角色创造得成功与否,台词至关重要。而作为演员自身,却很难发现自己台词上的毛病。为了解决这个问题,我拿出自己所有的储蓄,最后,一个钢镚儿一个钢镚儿地凑够了 200 块钱,买了一台双喇叭的二手录音机。这可是我的宝贝,也是我念台词的一面镜子。从小说、散文到诗歌,以及报纸报道,每天不厌其烦地录,一遍一遍地听。在这面镜子面前,我不断地矫正自己台词方面的错误和毛病。俗话说"天道酬勤",经过长期不断的努力,在台词基本功方面,我有了很大的收获。我感谢这台录音机,我所有取得的成绩,它功不可没。

在不断地向老师学习和请教的过程中,我明白了很多道理。我觉得话剧演员在台词方面有两点非常重要。第一,台词的表现力。如何使我们的台词具有强烈的感染力呢?这取决于它的表现力。表现力包含三个要素,即内容、情感、色彩。首先,我们要读懂语言的内容,彻底搞清楚其中真正的含义,这是根本。内容理解错了,一切无从谈起。这就需要我们不断地加强文学修养和丰富生活阅历。其次,我们赋予它什么样的情感,包括喜、怒、哀、惧、爱、恶、欲诸方面。再次,我们采用什么样的语言色彩,如音色、声调、速度、节奏等。只有将这三个要素准确有机地凝聚在一起时,你的台词才可能有很强的表现力。内容清楚,情感准确,色彩鲜明,三个要素缺一不可,而色彩有时能起到画龙点睛的作用。第二,台词的音乐性。斯坦尼斯拉夫斯基将近 60 岁的时候,说他的台词功力对普希金诗剧丰富的内容和感人的力量表现不够,希望把他曾经演过的角色重新再演一遍,他要加强台词的音乐性。

有一次,我和曾获得"全国小说演播艺术家"大奖,也是我尊重的老大哥,省广播电台播音员宋丹平喝酒聊天。当我向他请教朗诵方面的经验时,他笑了笑,没有直接回答我的问题,而是慢慢地端起酒杯咂了一口酒,然后用很轻很轻的声音给我唱了一曲陕北民歌《兰花花》:"青线线的那个蓝线线,蓝格英英的彩,生下一个兰花花,实实的爱死个人……"那歌声如泣如诉,似唱似说。霎时间,我明白了他的意思——唱像说,说像唱,说和唱相互依存,这是一种境界。一句话,我们的语言一定要有音乐性。有了音乐性,你的语言就会产生韵律;有了韵律,你的语言自然而然就有了节奏。中国古代文人的四大修养是琴棋书画,而琴放在第一位,可见音乐修养对一个演员来讲是何等的重要。

八

中国的戏曲艺术博大精深且源远流长。经过一代又一代艺术家的苦苦追求，逐渐摸索出了一套完整的表演程式。这些程式是谁发明创造的，又是哪些大师整理定型的，恐怕已无从考证。经过几百年的沉淀，能够保留下来的必定是精华，许多世界大师级的导演也为之赞叹不已。焦菊隐先生早就提出话剧应该向戏曲学习的口号，可如何向戏曲艺术学习，向戏曲艺术学什么，却一直是话剧工作者需要思考的问题。初学表演的时候，我幼稚地认为，戏曲的程式化表演与话剧的表演是两码事。如果哪个演员在话剧表演中带有戏曲程式化的东西，我们就会瞧不起，认为这是"假门假式"，破坏了话剧表演的真实感。

20世纪80年代，河南话剧院移植排演了话剧《少帅传奇》。一天，导演见到我问："这个戏的剧本你看了吗？"我说看了。导演又问："你觉得你演哪个角色合适？"我想了想说："我觉得姜树礼这个角色写得不错。"导演笑了笑说："我也是这么想的。"这一下我激动得气都喘不过来。每一个演员都希望演一个自己喜欢的角色，姜树礼这个角色虽然只有一场戏，但写得很精彩。剧情是这样的：姜树礼是个忠义之士，张作霖遇害后，他步行五天五夜找到了张学良，向他报告了情况。鉴于当时张学良的处境也非常危险，为了避免内奸和日本人的怀疑，姜树礼强烈要求张学良把自己处死。张学良于心不忍，迟迟不肯下手，姜树礼就抓起椅子向张学良冲去以求一死，冲上来的卫兵当即向他开枪，姜树礼中弹身亡。姜树礼中弹牺牲是这场戏的高潮，可如何处理中弹倒下这段戏却让我作了大难。我想尽了各种招数，如前爬、侧摔、后躺等，可怎么也达不到我预想的效果，总感觉动作有些拖泥带水，整个戏也显得不够闪光不够壮烈。我一下陷入了创作的迷茫。

大家都知道，当演员的都想把戏演好，"语不惊人死不休"是每一个演员最高的追求。演员的每一次角色创造都犹如一次探险，前面将要发生什么或者遇到什么都是不可预料的。有时可能是一马平川，有时也会遇到急流险滩。这就需要我们逢山开路，遇水架桥。可最大的痛苦恰恰是明明知道问题在哪儿，就是苦苦找不出解决问题的办法，无法开路、架桥。正当我一筹莫展的时候，话剧院的老演员周清亮同志看出了我的心思。有一天，他凑到我耳边悄悄说："你可以尝试用一下戏曲

● 话剧《少帅传奇》剧照（饰演姜树礼）

中的'挺僵尸'。"他的一句简单的提示让我茅塞顿开。可是,话好说事儿难做。我从没练过戏曲功夫,而戏曲中的"挺僵尸"难度高危险大,稍有不慎就很可能受伤。再加上我是个大个子,话剧舞台上又没有地毯,更使这个动作的危险系数成倍增大,能否完成这个动作我心里着实没数。可强烈的创作欲望驱使着我下决心非要完成这个动作不可。我向戏曲老师请教动作要领,老师告诉我:"第一,身体要绷紧。第二,脖子要梗着,千万不能松。第三,胆子要大。"在老师的指点下,我居然一次就把这个动作轻松拿下。真是傻小子睡凉炕,全凭火力壮。后来,我把这个"挺僵尸"动作稍稍做了些调整,在即将倒地的瞬间,我让双手先着地,这样既化解了身体的下冲力,又做到了戏曲程式的"话剧化"。

  姜树礼"中弹倒下"这段戏的最终处理是这样的:姜树礼身中数弹,扶着椅子慢慢抬起头,脸上带着满足的微笑看着张学良,然后,缓缓地向张将军行了一个军礼,突然一个"挺僵尸",猛然倒下。"挺僵尸"的动作是完成了,可戏剧效果到底怎么样,我心里完全没有底,我是第一次用戏曲的手段来完成人物的创造,我期待着观众的检验。

首演的那天晚上,当姜树礼那高大的身躯轰然倒下的一瞬间,剧场内响起了暴风雨般的掌声。观众的掌声证明了一切,我那颗悬着的心终于可以放下了。我成功了!此刻,我仿佛听到了前辈们的心跳声,好像闻到了大师们的呼吸声。第二天,《河南日报》专门刊发了评论,对这场戏的处理给予了高度评价。

正是这次艺术实践,彻底颠覆了我的观念,使我改变了对戏曲表演程式的认识。我在成功创造角色的喜悦里,在观众的掌声中,完成了一次和戏曲大师们的心灵对话。我深深感到,祖宗们传下来的那些东西真的可以化平淡为神奇,有时甚至可以点石成金。

我由衷地赞叹中国戏曲艺术的伟大!

九

1986年6月18日,中国洛阳长江漂流探险队以王茂军、郎保洛为首的8名青年前往长江之源开漂,他们以大无畏的气概,闯激流,过险滩,实现了人类历史上首次用无动力漂浮工具漂流长江,填补了世界探险史的空白,轰动全国。

听到洛阳长江漂流探险队开漂的消息,时年30岁的我热血沸腾,心潮澎湃,一种强烈的创作欲望使我夜不能寐。我想写一部戏,讴歌这些热爱祖国、具有民族情结、敢为人先的年轻勇士。我把这个想法向团领导做了汇报,立即得到领导的支持。我就一边收集报刊的有关资料,一边动手创作。

由于资料有限,又是第一次创作剧本,难度可想而知。那段日子,我白天找资料,与团里几个同志聊思路,晚上挑灯夜战,写一段,看看不行,推倒重来;又写一段,还不行,再推倒重来……写来写去,两个月过去,我终于黔驴技穷,剧本搁浅了。

怎么办?我找剧院的剧作家林曾信老师请教。林老师说,剧本我接着写,由你来演。咱们一起到漂流现场看一看,实地体验。

1986年秋季,我和省话剧团的林曾信、冯世勋,省歌舞剧院的吴歌、许五零四位老师一起,前往重庆,与长漂队会合,体验生活。

这时,长漂队已经过两个多月的浴血奋战,个个胡子拉碴,脸色黝黑。说实话,这支民间自发组织的漂流队,无论技术装备还是后勤保障都比较落后,充沛的只是内心那种大无畏的英雄气概和民族精神。而这一点正是最为宝贵的,我因此被深深感染。

晚上,我们在长江岸边点起一堆篝火,大家围坐一圈,听他们讲述。兴奋时,大家群情激动;动情时,众人流泪悲伤。听着听着,他们的形象渐渐变得清晰,我找到了舞台表演的感觉。

第二天下午1时,漂流队继续向万县进发。我为了亲历漂流的感觉,执意要与几名队员一起登船。所谓船,就是一只普通的橡皮艇,四五个人坐在里边,一人一支桨,靠划动前行。

一望无际的江面,水天一色,看似平稳,实则漩涡遍布,水流湍急。刚登船时,还充满新奇兴奋,不一会儿就感到紧张,一种强烈的恐惧不知什么时候已悄悄将我笼罩。橡皮艇在风浪中颠簸,一会儿被掀下谷底,一会儿又被捧上浪尖;碰上漩涡,就原地打转,感到有一股吸力欲将小艇吞没。每到这时,我们只有拼命划桨,力图摆脱。

天渐渐黑了,伸手不见五指,阵风吹来,湿透的衣服裹在身上,寒意倍增。对面,不时有大船迎面而来,我就举着马灯,大声呼喊晃动着,以引起对方注意,免得碰撞上。待我们看到万县的点点桅灯,已是晚上8点多,7个小时,我们漂流了278公里。登上岸来,我已是口干舌燥、精疲力尽,走起路来也是摇摇晃晃、踉踉跄跄。我感觉就像在地狱里走了一遭,由此也更深刻体会到漂流队勇敢无畏的精神。难怪后来人们把他们的壮举与中国女排冲出亚洲走向世界并称为当时中华民族的两支精神催化剂。

不久,由省话剧团和省歌舞剧院联合打造的话剧《中国人》上演,我在剧中饰演一号男主角王茂军。这是我第一次担当领衔主演。正是有了这278公里的漂流体验,我才找到了角色的基点,塑造了一位有理想、敢作为的当代青年形象。

《中国人》在郑州、洛阳连演了30多场,场场爆满,尤其在洛阳,更是受到观众的热烈欢迎。在当时话剧不景气的情况下,这出戏掀起了一次小小的高潮。

说起来,我在话剧行里干了多年,也多次深入基层体验生活,而这次体验尤为刻骨铭心,竟有种生死离别的感觉,现在想想,还有些后怕。但我从未后悔,既然选

● 话剧《中国人》剧照（饰演王茂军）

择了演员这个职业，既然立志为艺术献身，我想，这是我应该做的。

十

话剧《水上吉卜赛》（以下简称《水》剧）给人们讲述了黄河岸边的一个凄美故事：在黄河上生活着一群"野人"，被人们称为"水上吉卜赛"。他们居无定所，吃住在船上，随着春夏秋冬四季的变化，常年在黄河上来回漂荡，靠打鱼打雁为生。罗四辈和三三都是这群"野人"中的一员，他俩从小青梅竹马，两小无猜，原本过着闭塞却平静的生活。可有一天，一位城市诗人的出现，给这个原始的部落带来了一股清新的空气，使三三不由自主地爱上了他，戏剧矛盾由此产生。

我在剧中饰演男主角罗四辈，沈保平饰演诗人。

该剧导演是我学员班的同学李利宏，这是他从中央戏剧学院毕业后执行导演的第一部大戏，也是我们俩的首次合作。他为人谦和，对每一个演员的意见都非常

● 话剧《水上吉卜赛》剧照（饰演罗四辈）

尊重。后来，我们有过多次合作，包括影视、晚会朗诵、小品、话剧，每一次合作都觉得非常愉快，因而我们成了艺术上的好朋友，生活中的好哥们儿。

那是一个夏季。《水》剧全体人员前往开封，在黄河岸边找到了这群被社会遗忘的人们。他们没有户口，过着"原始共产主义"的生活。我们向他们学打鱼，学划船，和他们一块儿聊天一起吃饭。为了找到罗四辈和诗人打架的真实感觉，我和沈保平穿着裤头跳进黄河滩里，你一拳我一脚真的演起戏来。最后，我们俩浑身上下滚满了泥浆，黄河岸边笑声一片。经过短暂的生活体验，《水》剧迅速进入了紧张的排练阶段。

人们常说，细节决定成败。演戏也是这个理儿。演员如果能巧妙地运用生活中的细节，他创造的人物立刻就能生动鲜活起来。有了细节，戏就有了情趣和厚度。而细节是编不出来的，必须从生活中汲取、提炼，这是我塑造罗四辈这个人物的最大感受。

罗四辈没有文化且性格粗野。剧中有这样一场戏：罗四辈听说诗人要把三三带到城里去读书,他愤怒地把诗人堵在黄河滩里痛打了一顿。三三过来劝解,罗四辈一把抓过三三自信地问道:"三三,今儿个我听你一句话,你到底是跟他,还是跟我?你说,你说呀!"这时,三三缓缓地走向了诗人,看到这种情况,罗四辈哀号一声下场。《水》剧排练到此处时,我突然停了下来。导演问:"怎么啦?"我说:"罗四辈就这么下场不得劲儿,他是部落首领的儿子,地位相当于一个王子。按他的性格,是不会就这么轻易认输的。"导演顿了顿说:"今天不排了,咱们坐下来聊聊天儿。"全体演员就坐在排练场天南海北地聊着。我突然想起了小时候听别人讲过的一个故事:甲和乙因为一件事结下了仇恨。有一天,两人在街上遇见,乙对着甲破口大骂。甲一声不吭没有还口,颇有点儿绅士风度。甲慢慢地坐在台阶上,从腰里拔出一把刀对乙说道:"今儿个咱们别骂也别打,咱就用这把刀往自己腿上一刀一刀比着扎,谁要是怕了不敢扎了,谁就从此在开封城消失。"说完猛地一刀往自己腿上扎下。甲轻轻拔出刀抓了一把土捂在伤口上,抬头对乙说:"该你了。"这时,乙已吓得满脸土色,转身跑掉。从此,他再也不敢走进开封城。这个故事也就成了开封人茶余饭后的谈资。导演听完眼睛一亮,猛地一拍大腿说:"有了,现在就排这段戏!"导演三下五去二就把这场戏处理得干净利落——三三缓缓地走向了诗人,罗四辈恼羞成怒,突然抓起地上的刀猛然向自己的腿上扎去,诗人吓得脸色煞白急忙转过身。罗四辈带着一脸的不屑拔出刀,潇洒地扔进了黄河,然后抓起一把沙子慢慢地撒向伤口。接着,他哈哈大笑走下场去。他用阿Q的"精神胜利法"为自己找回了"黄河人"的面子。这一细节的运用,一下子把罗四辈的人物个性立体地展现出来,同时也对《水》剧的主题起到了提升和烘托作用。

斯坦尼斯拉夫斯基在《创造角色》中说道:"要学习,倾听,观看,热爱生活。要学习把生活转化为艺术,用它来充实你们的形象——角色。"焦菊隐先生在长期的艺术实践中也得出这样一个结论:向生活所寻求来的创造人物的方法与人物活动的方式与形式,是最好的"表演技术"。

在话剧《太行山人》的创作中,我对两位大师的论点有着很深的感受。我在该剧中扮演主人公吴金印。生活中的吴金印慈眉善目,感情丰富。他有着一副慈悲心肠,说起往事总是两眼含泪。他带领太行山人用了10年时间,修筑了一条"人工地河"。群众为了感恩,就在山壁上镌刻了硕大的"山碑"二字来颂扬他。话剧《太行山人》中有这么一场戏,也是全剧的重场戏:在当时极左路线的影响下,吴金印被免职。这一天,他独自一人偷偷下山,刚走到山口,只见山道上站满了老百姓。初读剧本看到这里时,我心里不由得一热,它瞬间唤醒了我对太行山生活的记忆,我仿佛看见了当年我们告别太行山时那最后一组黑白照片。排练时,我向导演提了两点看法:一、觉得吴金印台词过长,说得太多,人物就显得虚假苍白,这也不符合生活。二、能否考虑用"无声的表演"来完成人物的舞台动作。接着,我谈了在太行山生活的那段亲身感受。导演思考片刻,说了四个字:"我看可以。"我们一段一段、一句一句、一个字一个字地删台词。最后,这场戏吴金印只留下两句台词:"乡亲们,十年前我曾在这里发过誓,我吴金印十年不下太行山。可这十年到了,我想家想女儿了。"这时,如泣如诉的二胡独奏缓缓响起,场上一片唏嘘。吴金印走过去拿行李,没想到通讯员喜子死死地抓住行李不放,吴金印把他的手慢慢地掰开,轻轻捶了他一拳。刚要转身走开,通讯员的未婚妻巧巧突然拽住吴金印的衣角,坐在地上失声痛哭。吴金印强忍着泪水转过身来,把巧巧扶起,笑着拍了拍她的头。吴金印拉着大爷、大娘、战友和孩子们的手,一一告别。他快步走向舞台最高处,回过身来向乡亲们无声地摆摆手,然后,迎着如血的残阳坚定地走去。长达几分钟的戏,在演员的无声表演中一气呵成,感人至深。感谢舞台上所有的演员,你们不是在表演,而是在"生活"。感谢我们的音响师,每一场演出他都是含着眼泪在"推拉"音乐。那段委婉动听的二胡独奏,至今我还能哼唱。后来才知道,这段音乐是由作曲家周虹作曲,二胡演奏家郭明演奏的。感谢太行山的那段生活,是你给了我艺术创作的灵感。

  观察生活的能力对演员来说是非常重要的,我们必须从自己所做、所遇、所见、所闻的生活中汲取营养,并从中积累创作素材。生活中的酸甜苦辣,都会成为你人生中的宝贵财富。

十一

  人们总爱说,演员是一个既舒服又让人羡慕的职业,每天都在歌声和赞扬声中度过。可有谁能了解演员在艺术创作中的酸甜苦辣呢?为了一句台词而千琢万磨,为了找到角色的准确感觉而茶饭不香,为了一个批评意见而彻夜不眠……个中滋味常人是体会不到的。对我来说,每一次角色创造都好像一场恶战,且胜败难以预料。

  作为一个演员,在表演上有许多问题需要解决,诸如台词、形体、舞台动作、体验体现、"发现、判断、决策"等。在长期的艺术实践中,我深深感到,角色准确的思维活动是表演中至关重要的一个环节,按话剧演员的行话叫"圈儿要画圆"。那么,什么是角色的思维活动?什么是"圈儿"呢?简单地说,就是你创造的角色在剧本的规定情境中是怎么思、怎么想的。这是每一个话剧演员需要经常琢磨和练习的基本功。有很多年轻演员对此不以为然,认为这是小题大做。他们会说,生活中谁不会思想啊?这还需要练习吗?其实不然,生活中我们每一个人都具备下意识的思维能力,即便是一个傻子也能做到。但在舞台上想做到有意识的下意识思维,那是非常不容易的,因为它看不见,摸不着,抓不住。演员如果没有这种思维能力,势必影响对角色的创造,以致形成造作的、空洞的、概念化的表演。没有真实准确的思维活动,你的表演就失去了根,就无法产生一系列行动,即便勉强产生了,那也会是不准确的,你创造的人物必将是虚假的,因为你违背了生活逻辑。那么,演员怎样才能掌握这门技术呢?一个字——练,两个字——苦练。焦菊隐先生说:"人物的情绪只能随着他的思想活动和具体的反应才能产生……而其中心,便是思想。人物有了思想,对一切事物才有了反应,有了反应,才随之而引起情感,有了情感才随之产生愿望(意志),有了愿望,才引起行动,情绪才随之活动起来……"我们说的思维活动也就是焦菊隐先生说的思想活动,只是说法不同而已。有了准确的思维活动,才有了准确表现角色的情感基础,才可能创造出生动鲜活的人物。然而,舞台上准确的思维活动很难在书本中获取,因为表演是一门实践艺术,演员只有在生活中和大量的舞台实践中才能悟到。

  20世纪80年代中期,河南电视台拍摄了一部六集电视连续剧《冤家》,是根据李凖的长篇小说《黄河东流去》改编而成,我在剧中扮演男主角春义这一角色。当时,中国的电视剧行业刚刚起步没几年,各个电视台拍摄的一般都是单本剧,六集电视连续剧就可以称得上是鸿篇巨制了。这是我第一次从舞台走上屏幕,那一年我刚好30岁。那时,我年轻气盛,坚信自己肯定能把这个角色演好,觉得好赖我也干了十来年演员了,并且演了不少戏。《冤家》的艺术创作非常认真,剧组专门委派话剧院的王宝善、苏政两位老同志作为表演指导,每一场戏都事先在家排好,然后再进入拍摄现场。当时的拍摄速度很慢,每天十个镜头很正常,不像现在,每天拍百十个镜头已是家常便饭。第一天在家排戏,我在表演上的问题就暴露了出来。

戏的情节是这样的:憨厚老实的春义经人介绍,到一个磨坊打工,磨坊老板给春义出了一道算术题,以考验他的智商。老板问春义:"一百斤麦子换八十零半斤白面,二百零二斤半麦子换多少白面?"剧本提示:春义一口说出答案。通过这个细节揭示春义外憨内秀。就这点戏排了一遍又一遍,大家总是不满意。王宝善老师问我:"春义那笔账你是怎么算的?"我心想:"我干吗要算那个账啊,我只要把春义的聪明状态表现出来,脱口说出答案不就行了。"他看我一脸迷茫,笑了笑说:"孩子啊,表演那张窗户纸你还没捅破呀!"那一刻,我像坠入茫茫的大海无着无落,左思右想不得其解。我在内心无数遍问自己,问题到底出在哪儿呢?那层窗户纸到底是什么?我恨自己怎么那么笨!带着问题,我去请教金世驯老师。金老师想了想说:"学生,今天我带你去找个人算一算春义这笔账。"然后,我们找到了一个烧饼铺,卖烧饼的老板正在和面。金老师对老板说:"伙计,你帮我们算个账,一百……"没想到,老板听完这道题爽朗地说道:"这题好算,一百斤麦子换八十斤零半斤面,二百斤换一百六十一斤面。剩下二斤半麦子四舍五入是二斤面,总共一百六十三斤。"老板一口气不带一点儿停顿就把账算完了,并且非常自信地看着我们,意思是说:"请放心,一点儿都不会错。"我呆呆地看着老板,像是发现了新大陆,又好像在茫茫大海里抓到了一根木头。春义算账不就应该是这样的嘛!哦,原来我在表演上少了一个"急剧思考"的过程,表演的只是结果,没有过程的表演肯定是"表演情绪",脱离了生活真实,必然会带来虚假的表演。有了这种体验,在拍这场戏时,我不再从外表去找人物的状态,而是认真迅速地把这笔账在内心过一遍,并且比烧饼铺老板还要快,然后从容自信地一口说出答案。创作方法对头了,人物的感觉就自然而然地表现了出来,春义这个人物也就真实可信了。我惊奇地发现,这不就是我们常说的"思维活动"吗?以前我们学习的"真听,真看,真交流;发现,判断,决策",不就是为了让我们获得一个真实的完整的思维活动吗?进而我联想到,或许这就是表演上的那层窗户纸。

无数次的艺术实践证明,这个方法非常实用,戏就应该这样去演。在此基础上我们需要举一反三,一个演员在表演中需要算各种各样的"账":有加减乘除,有平方、开方;有处心积虑,一筹莫展;有酸甜苦辣,生离死别……这些账有简单的,有复杂的,还有解不开的,都需要我们认真用心地去算,这就需要我们去体验生活,学习生活,重复生活。你想得越具体,你刻画出来的人物就越发显得真实、自然、可信、耐看。而表演不同于数学,人上一百,形形色色。不同的阅历,不同的人物性格,对事物做出的答案差异很大,规定情境不同,人物感觉也会随之千变万化。我们必须到丰富的生活源泉中去观察人,研究人,分析人,这样我们才能创造出生动鲜活的人物。那么,是不是懂得了这个创作方法就万事大吉了,就可以高枕无忧了?其实不然,懂得了并不代表你就掌握了这个方法。我们必须做大量的重复生活练习,要把生活中的下意识变成舞台上的"有意识的下意识"。有人会担心,你总是重复你自己,这会不会影响你的角色塑造?不必害怕,我们用以创造人物的工具不是别的,正是自己的心理与形体。焦菊隐先生说:"创作人物的初步过程,并不是一下子生活于角色,而应该是先要角色生活于你,然后你才能生活于角色。"如果我们连自己的思维都不能熟练掌握,怎么可能去靠近角色呢?

我想说的是,年轻演员一定要虚心向老演员学习,这一点非常重要。老演员身上的那点玩意儿,都是在长期的艺术实践中摸索出来的,都是宝贵又实用的。有一次,我向苏政老师请教准备剧本的经验,她说:"我看剧本,主要看台词与台词之间的东西。"天哪!台词与台词之间的东西不正是人物的思维活动吗?简简单单的一句话却道出了演戏的大道理。北京人艺的郑榕老先生在谈到语言和思想的关系时有一段话说得非常精辟:"语言就像是一条小溪上漂浮的树叶,溪流是人的思想,树叶随着水流漂动。有时遇到障碍,树叶被阻住了,溪流却照样流动着。阻力一经去掉,树叶会以更快的速度冲下去。遇见漩涡时,它就在原处盘旋不前。研究树叶的动向,必须从溪流中去寻求答案。"因此,舞台上的思维活动对于角色的创造至关重要。作为一个演员,必须尽早地掌握这门技术。这样,我们在角色创造中就会少走很多弯路。

● 话剧《公仆》剧照（饰演焦裕禄）

十二

  20世纪60年代初，在中原大地上升起一颗璀璨的明星，他就是县委书记的榜样、人民公仆焦裕禄。"1962年冬天，正当豫东兰考县遭受风沙、内涝、盐碱'三害'最严重的时刻，党派焦裕禄来到了兰考。"这是话剧《公仆》开幕前的一段旁白。剧中，我扮演焦裕禄。

  作为一个演员，谁都想演角色，演大角色，以往每每接到新角色，我也总是摩拳擦掌，跃跃欲试，可这次面对焦裕禄这一角色，我心里却极为矛盾，甚至第一次感到了恐惧。在中国，焦裕禄是一个家喻户晓、妇孺皆知的人物，大家太熟悉他的形象了。首先，演员必须做到形似，这是创造这个角色的基础，没有这个基础，老百姓肯定不会认账。我的形象长得不像焦裕禄，而且年龄比焦裕禄小得多，能否拿下这个角色，我心里实在没谱。晚上，我对着焦裕禄的照片细细地看，越看越觉得自己长得不像他，越看越烦躁，越想越害怕，竟有点"上天无路，入地无门"的感觉。那一夜,我彻底失眠了,生生是睁着两眼想到天明。第二天一大早,我找到院长,开诚布公地说:"我演焦裕禄不合适,我长得不像他,请领导考虑换一个演员来演。"院长沉默了一会儿突然说道:"你给我找一个比你更合适的,我就同意换掉你。"一句话说得我哑口无言。院长看我还想说什么,就不紧不慢地放了一句狠话:"养兵千日,用兵一时啊!"这句话不软不硬,却大大刺痛了我的自尊心。院长的意思很清楚,演员的天职是演戏,如果在战场上你就是一个不折不扣的软蛋、逃兵!这一句狠话打中了我的"七寸",使我无路可逃,同时也让我立刻清醒过来。人到了豁出去的时候,就什么都不害怕了,我又恢复了往日的自信。

俗话说像不像,三分样,演戏更是这个理儿。生活中我穿上了布鞋,头发也改成焦裕禄的三七开发型。在焦裕禄这个角色的创造中,我没有刻意追求形似,给自己定的目标也不高,三到五分像就行了,说实话,十分像我也做不到。为了找到人物的感觉,我把焦裕禄的照片放在床头反复地看。舞台上我从自己出发、从角色出发、从具体场景出发去揣摩人物,力求走进人物。通过不断地通读剧本,查阅资料,我终于找到了焦裕禄的精神内核——他心里装着全体人民,唯独没有他自己。在老百姓面前,他是一个大孝子;在同志面前,他是一个诚实可靠的老大哥;在妻子面前,他是一个合格的好丈夫;在孩子面前,他是一个既严厉又慈祥的好父亲。他对党无限忠诚,对事业充满理想,生活中他更像一个苦行僧,用生命去换取老百姓的好日子。演戏就是演人物关系,人物关系找对了,找准了,找具体了,角色在舞台上就能自然而然地行动起来。排练场上,我用自己的心去理解人物,靠近人物,焦裕禄的人物形象在我心里逐渐丰满充实起来。

90年代,戏剧逐渐进入了低谷期。由于电视的冲击,演出市场异常冷淡。多演多赔、少演少赔、不演不赔是各个剧院的普遍现象,而话剧《公仆》一经排出,却出现了供不应求的反常现象。出于对焦裕禄的崇敬和爱戴,很多单位纷纷前来购票。没想到,几天的时间就订出去几十场戏,并且还有很多单位陆续前来购票。为了尽快满足观众的需求,我们不得不加演,最多的时候,就像放电影一样一天演四场。院里当时提出的口号是"演焦裕禄,学焦裕禄"。那时,团里没给我配B角,疲劳程度可想而知,领导就在舞台旁边给我铺了一张床供我演出间隙休息,还专门安排一个老师照顾我的生活。我每天的生活就是两件事,演戏、休息。我记得有一天晚上,演出的第一遍铃声刚刚响起,我拖着疲惫的身体翻身起床披上大衣匆匆向台口走去。一位老师关心地问我:"广林,身体怎么样?一天四场还顶得住吧?"我随口答道:"没问题。"老师笑了笑说:"你别说,你现在的状态还真像焦裕禄。"这不经意的一句话却让我眼前灵光一现,一个活生生的焦裕禄形象仿佛就在眼前晃动,"我就是"的感觉就在一瞬间产生,我现在的精神状态不就像当年的焦裕禄吗?这也恰好表现出焦裕禄鞠躬尽瘁,死而后已的内在精神。由于找到了准确的人物感觉,那天晚上的演出让我产生了好多即兴表演,效果非常好。

通过这件事,我感到,如果说自信是演员的生命,那么,即兴表演便是演员的灵魂。一个角色的创造,绝不是一朝一夕可以完成的。它像一个幽灵,来无影去无踪,什么时候出现你无法预料,无章可循,无规律可找。所以,即便我们所创作的角色已经正式登上舞台,也不应当停止对他的再认识、再创造,而应该在演出实践中让他进一步丰润、丰满起来。

一个成功角色的诞生,就像我们生活中找对象,往往是可遇而不可求的。这不由得让我想起了一句词:"众里寻他千百度,蓦然回首,那人却在灯火阑珊处。"

十三

作为一个演员,塑造生动鲜活的人物形象是他的最高目标。而人物的外在形象,是他的行动举止、姿态神色的总和。只有舞台人物的一举一动具有了"语言性",人物的内在气质才能被表现得具体而鲜明。在电视连续剧《难忘岁月——红旗渠故事》中,我扮演大旺这一角色。我想结合这一角色的创造,谈谈自己的点滴感受。

创造性格鲜明的人物形象就必须做到内部和外部的高度和谐统一,而内部和外部的关系实质上就是体验和体现的关系。表演大师金山先生说得非常精辟:没有体验,无从体现;没有体现,何必体验。体验要深,体现要清。体现在外,体验在内;内外结合,相互作用。可见,我们创造角色必须首先通过体验这一关,从自我出发向角色靠近,设演员之身,处角色之地。处在谁的情境之中,就按谁的思维逻辑和行为方式去思想,去行动。演戏之前多问自己一些问题:他是一个什么样的人?

有什么样的阅历？有什么样的思想？怎么走路？怎么哭？怎么笑？怎么做？……总之，问题越多越好。演员一定要把所有的问题弄通弄懂，才能在表演的时候做到心中有数。深刻的内心体验会帮助演员找到人物的思维活动和外部动作。

《难忘岁月——红旗渠故事》中的大旺究竟是一个什么样的人呢？他出生于太行深山，排行老大，父亲早逝，家中有一个老母亲和两个弟弟。由于家境贫穷，弟兄三个都没娶上媳妇，被人称为"三根棍儿"。大旺平时多见石头少见人，少言寡语、憨厚老实，对不起人的事他从来不做，说起话来总是先脸红，对母亲很孝顺，是个听话、仁义的好孩子。

在塑造大旺这个人物的过程中，我紧紧抓住"老大"这两个字，逐渐向角色靠近。中国有句俗话叫"长兄如父"，父亲如果不在了，老大就是家里主事的。有了对这两个字的理解，我表演起来就心里有底了。

比如弟弟娶亲这场戏，大旺家住上村，这天是二旺迎娶下村姑娘秋风的好日子。娶亲的队伍刚进村，下村来人报信儿，说是上村人为争水，把下村人打得头破血流。下村人一听怒火中烧，说什么也不让上村人把媳妇取走，二旺一恼起身走人，一场婚事就这样泡汤了。回到村里见到母亲，弟兄三人跪在母亲面前一言不发。这场戏我是这样处理的，在下跪的同时，我重重地在自己的脸上扇了一巴掌，这一巴掌扇得很重很响。自己因为是老大，所以应该承担责任。弟弟的事没办好，辜负了母亲的期望，给家里丢人了，给全村丢人了……这一巴掌把这一切全打出来了，而且这很符合大旺的思维逻辑和身份。其实，这发生的一切根本不怪他，正因为他有长兄如父的责任感，才会这样自责、内疚，才会做出这样的举动。

体验和体现是相互依存又相互作用的。内心体验能帮助你找到准确的表现形式，即外部行为；反过来，准确的外部行为也会使演员内心产生准确的人物感觉。掌握了角色的思维逻辑和性格特点，角色的言行举止、喜怒哀乐就会了然于胸。大旺是家中的老大，从小管教很严，加上"穷人的孩子早当家"，这就养成了大旺听话、懂事、孝顺、老实的性格。体验到了这一点，就要让角色寻找适当的表现方式。

在"老三逃跑"这场戏中，我的处理是这样的：当得知三旺从红旗渠工地逃跑

● 话剧《红旗渠》剧照

的消息,大旺、二旺急忙追到家中。到家一看,母亲已经气得浑身发抖,她命令三个儿子都跪下。老三像小狗一样趴在地上,老二挺胸低头跪下,我该怎么跪呢?我不能跟他俩一样呀,因为我是老大。后来,我突发奇想选择了一个别样的跪法——转过身去背对母亲跪下,然后慢慢把屁股高高撅起。没想到,当时在场的所有演职员包括导演哄地一下全笑了,他们以为我是在开玩笑,后来看我极为认真的样子都止住了笑声。我赶忙向导演解释:"大旺是个听话孝顺的孩子,他从不敢跟父母反犟,从小打屁股打惯了,母亲说跪就是打屁股,他是下意识这么做的。"导演听后说:"棒极了!"这一动作的选择,使大旺的鲜明个性凸显了出来,同时也使我对这个角色有了新的理解。

在角色的创作过程中,单靠剧本提供的素材往往是不够的,需要演员展开自己的想象力。想象力是演员创造角色的肥沃土壤,而想象力的形成依赖于对生活的理解和体验。随着对角色体验的深入,我渐渐对大旺这个角色有一种不满足感,总觉得他身上少些什么。比如,他和秋风的爱情没有基础,他们之间的爱情从哪儿开始的呢？我把这个想法告诉了导演，导演说你自己想一场戏吧。后来，我自己设计了这样一场戏：在红旗渠工地，大旺对这两个弟弟是又当爹又当妈。这天，大旺用一双又粗又笨的手拿着一根针给弟弟缝衣服，他的嘴随着针线的来回走动而吃力地努动着，笨拙别扭的样子显得极为可笑。这情景被路过的秋风正好看到，顿时她的心被眼前的情景深深打动。她眼里含着感情复杂的泪水，一把夺过衣服缝了起来，大旺从她的眼里似乎悟到了什么。这场戏的设计和外部动作的选择，使大旺这个人物逐渐丰满起来，他不仅有粗犷、憨厚的一面，也有细腻、柔情的一面。

又如最后一场戏，红旗渠竣工了，大伙儿都该回家了，可大旺依然在秋风的工棚前给大伙儿修鞋。我把钉鞋的动作设计得干净利落，甚至还带几分帅气。两锤一个鞋钉，一点儿都不含糊。通过这一外部动作，我要让秋风看看，我非常有本事，我不仅有力气，还是个能工巧匠，将来有能力撑起这个家庭。大旺在用自己的方式向秋风表达自己的爱情。秋风终于接受了大旺的爱情，她给大旺送来了一双亲手做的鞋，大旺激动不已。此时，我设计了这样一个动作：大旺把鞋往怀里猛地一掖，低头嘿嘿地笑着走去，以此表现他虽然欣喜若狂却依然憨厚羞涩的性格特征，山里人害羞嘛！通过这一系列的体验—体现—再体验—再体现的过程，最终使大旺这个人物形象生动鲜活地呈现在观众面前。

内容和形式、内在和外在、体验和体现都应该是和谐统一的，我们塑造人物形象就要做到这个统一。演员的创作是从认识理解开始，理解人物是体现人物的前提，演员对所扮演的人物只有深刻地理解，才能生动地体现出来。

十四

话剧《宣和画院》向我们讲述了两位极富人格魅力的老书法家，在一起小小的"假字风波"中，两人的精神和内心世界，两人的操守秉性和几十年友谊所经受的惊涛骇浪。这部戏的背景是开封，写的是开封的人、开封的事，我是地地道道的开封人，演了这么多年的戏，还从来没演过家乡的人，所以，接到剧本后我的创作热情非常高涨。导演强调说："这部戏一定要用地道的开封话来演。"我从小在开封生

● 话剧《宣和画院》剧照（饰演李子信）

开封长，说开封话是我的强项，这无形中大大增强了我的创作自信心。在剧中我扮演李子信这一角色。李子信的人物性格极为复杂且反差很大，他正直、清高、血性十足，却又圆滑、市井、胆小怕事，在表演上很难拿捏。塑造这种具有多重性格的复杂人物我还是第一次，我不禁又为自己暗暗捏了一把汗。

该剧排练之前，剧组两下开封，进行了半个月的生活体验。在开封我们除了和书法家们喝茶、聊天、学写字、交朋友，每个人身上还有一个最重要的任务，那就是寻找角色的"种子"。我在开封书法家中间努力地寻，可劲儿地找，演员之间也非常团结，时不时地还互相推荐"种子"。谢天谢地，我还真找到了，他就是当时的开封书法家协会主席王宝贵先生。通过和他接触，我认为他和剧中的李子信非常相像，我如获至宝，每天认真研究他的手势、走姿、发型，还经常模仿一下他的形体姿态。半个月后，我揣着这颗宝贝"种子"进入了排练场。

没想到，第一天排练我就"摊上了大事"，我在舞台上呈现出的人物既不是我自己，也不是王宝贵，更不是剧中的李子信，而是一个彻头彻尾的"三无产品"。我好像被吊在了半空中,上不去,下不来,进不得,退不得。我像一只晕头鸡,在舞台上摸不着东西,找不着南北。问题出在哪儿了呢?俗话说:"栽什么树苗结什么果,撒什么种子开什么花。"原来,我找到的只是一个空壳儿,是一颗毫无生命力的"死种子"。我对王宝贵的内心世界、思想情感及生活阅历几乎一无所知,我学的只是他的外表,根本不可能在我心中生根、开花、结果。在怎样体验生活方面焦菊隐先生有过发人深省的论述:"在我个人所接触到的演员中间,有不少人拼命想在现实生活里找到文学剧本里所写出来的和自己所要去创造的典型人物,拼命想在群众中间找到一个恰恰吻合与他所要二度创造的那个典型人物的模特儿。他们总是找不到——那自然是找不到喽,而且永远也不会找到的——于是他们便陷入苦恼……"在这次创造人物的初期,我犯了一个演员本不该犯的错误。

斯坦尼斯拉夫斯基把舞台人物形象的创造划分为五步:演员内心产生人物内心世界的视像—演员内心产生人物外在面貌的视像—演员用自己的思想情感去体验人物的思想感情—演员用自己的形体去体现人物的外在行动—演员通过他所创造的人物的外在行动,把内心体验传达给观众,引起观众内心产生同样的体验。可见,演员的每一次人物创造,都是一次对自己灵魂的解剖与再造。要想塑造好李子信这个人物,我必须首先找到他的"内心视像",也可以说是角色的"种子"。然而,"内心视像"的产生并非易事,我无数次地向生活中去寻找,可每一次都是无功而返,一度陷入了艺术创作的"黑洞"。那些日子,一到晚上,我就和几个好友到紫荆山公园的湖边散步,以排遣创作上的痛苦和郁闷。一天,金世驯老师对我说:"你可以琢磨一下你父亲的形象。"这一句提醒让我忽然感觉就像在茫茫黑夜看到了一丝光亮。我静下心来细细琢磨我父亲这个人——清瘦,生活中带有三分文气;做人讲仁义,做事讲信誉,一辈子没做过对不起人的事;出身市井却带有几许清高;从小学徒出身,心灵手巧;他有血性,脾气火爆,可为了孩子却胆小怕事;说起话来谈笑风生,办起事来谨小慎微。我忽然惊喜地发现,这和李子信的"基因"是何等相似,这不正是我要找的角色"种子"吗?也就是从这时起,李子信的人物形象在我心里渐渐活了起来,我在舞台上接到了地气,就好像行进的航船有了舵,我重新找回了在舞台上的自信。然而,"内心视像"的完成可不像我说得这么简单,需要一个痛苦而漫长的过程。焦菊隐先生对"内心视像"的形成说得非常具体,人物"内心视像"在你脑海出现和人物的创造完成,都不是突发奇想、突如其来的,最初只是一点一滴地出现,有时候是一只眼睛,有时候是一个手指,有时候只是他对于某种事物的瞬间反应。而且,这种出现还是恍惚迷离、若有若无,时而悄然消失,时而又飘然而至。作为一个演员,在这个过程中不能焦急烦躁,而要仔细揣摩,静心等待。正如怀孕一样,胎儿会使孕妇焦急、惊喜,但是孕妇必须耐心地等待,等待瓜熟蒂落的那神圣一刻。

俗话说:"拳打万遍,其理自现。"经过长达7个月艰苦的、反复不断的排练,父亲这颗"种子"渐渐在我心里生根、开花、结果。我和角色逐步地融合在了一起,舞台上的李子信有时是我,有时是他,他中有我,我中有他。

话剧《宣和画院》的首场演出轰动了汴京城,一时间好评如潮。外甥女看完戏后惊喜地对我说:"舅舅,你演的李子信真像我姥爷。"可这时,我的父亲已经去世了,他再也看不到我在舞台上塑造的酷似他的角色李子信。

每次谈起话剧《宣和画院》的创作过程,心里总是感慨万千。当年,正值话剧的最低谷,话剧院演员最高的工资也不过千把块,别说养家糊口了,就连每天排演场的两包烟钱也不够啊!可这群人却在漏雨的、闷罐儿似的排演厅里坚持着,任凭雨水往身上滴也不忍心把戏停下。他们只想向中国话剧界发出一个声音:我们活着!导演李利宏动情地把《宣和画院》形容为"八年蒸个馍",形象而贴切。而作为一个演员,我的感受是我们花了7个月的时间,用心血和汗水煨了一锅汤——一锅原汁原味儿的河南老汤。

十五

半个世纪前,一条"人工天河"红旗渠奔腾在太行山巅,惊天动地,气吞山河,被世人誉为"世界第八大奇迹"。50年后,河南省话剧院倾全院之力,动用了老中青几代演员,打造出了一台大型话剧《红旗渠》。观众反响强烈,震撼、感动!时任河南省委书记卢展工看完戏后深情地说:"我已经好多年没有好好地看过话剧了,但这次演出让我重新感受到话剧艺术在新的历史时期的魅力和精彩。更重要的是,这台戏展示了一种精神,那就是我们多年来都在提倡的红旗渠精神。"

● 话剧《红旗渠》剧照

　　河南省话剧院和红旗渠有着很深的历史渊源。早在20世纪60年代,话剧院的同志就参加过红旗渠工程的修建。70年代,话剧院多次到太行山体验生活,创作并排演了话剧《战太行》。1975年话剧院学员班三十几个人奔赴太行山体验生活,历时半年。太行山那段艰苦岁月,为今天的话剧《红旗渠》打下了坚实的基础。太行山人那坚毅诚恳的音容笑貌,那高声大腔的言谈话语,那无拘无束的行走坐卧,那敢恨敢爱、疾恶如仇的喜怒哀乐,至今还在我的眼前闪现。剧中好多场景、好多台词我都好像身临其境,亲眼所见。一次,该剧导演李利宏不无感慨地对我说:"没有太行山的那段生活,就不会有今天的话剧《红旗渠》。"该剧之所以能够成功地呈现在舞台上,或许是一种缘分、一种情结,更或许是一种担当、一种使命。

　　《红旗渠》排练之前,我们再一次登上太行山重新去感受那山那水。红旗渠雄风依旧,但给人的感受却是沉甸甸、酸楚楚的,泪水止不住在眼眶里打转。我心里暗暗问自己,难道这就是林县(今林州市,下同)人仅靠一双手一锤一钎干出来的?

● 话剧《红旗渠》剧照

这是人干的活儿吗？骤然间，胸中一种悲壮豪情油然而生。我不禁想起了余秋雨先生的一段话："人至少要在有可能与自然对峙的时候，才会酿造美。在这种对峙中，有时人明确无误地战胜了自然，例如汽车、电灯、柏油路的出现，产生了一种松快愉悦的美；有时人与自然较量得十分吃力，两相憋劲，势均力敌，那就会产生峻厉、庄严、扣人心弦的悲剧美。由于这种美衬托了人类严峻的生存状态，考验了人类终极性的生命力，因此显得格外动人心魄。人类的生活方式可以日新月异，但这种终极性的体验却有永久价值。也许正是这个原因吧，历史上一切真正懂艺术的人总会着迷于这种美学形态……"

排练场上，我和当年修渠的英雄们一样，吃不下，睡不着，如履薄冰，战战兢兢。我品味着杨贵当年修渠的思想情感，细心丈量他的心路历程。我想，当年杨贵他们用生命为中华民族矗立起了一座历史丰碑，今天我们在用汗水和泪水修建一条精神上的"红旗渠"。我们排演厅的条件之差是难以想象的，冬天四下漏风，冷得要死，夏天却又密不透气，热得要命。天热时排戏，一身泥汗，每天至少要换

仰望话剧　039

两三次衣服,有时甚至光着膀子。我粗略地计算了一下,演员们流下的汗水至少有几百公斤。该剧的作曲周虹看完连排后感慨地说:"只有在这样的排演厅,你们才可能排出这样的戏。"全院上上下下,老老少少,没人叫苦,没人喊累。剧中的一句台词成为话剧院的口号——为了红旗渠!我们话剧院是在用红旗渠精神来排练《红旗渠》。

对于我来说,每一个戏剧人物的创造都必须从零开始,都是一次大考,更是一次脱胎换骨、冶炼锻造的过程,就像十月怀胎,痛苦与快乐并行。

从20世纪70年代起,我演话剧已经40多年了,创造的人物也不算少,可我感觉《红旗渠》是最具挑战性的一部戏,因为剧中杨贵这一角色的戏份太重,台词量太大,激情戏太多,且不论表演成功与否,体力上能否拿下就是一个问题。《红旗渠》剧本的第一句话就是:"《红旗渠》故事是虚构的,但精神是真实的。"剧作者舍形取义,不是在编织一个故事,而是在讲述一种精神。全剧大段大段的独白,成串成串连珠炮般的排比句比比皆是,场与场之间基本没有情节上的联系,可以说每一场都独立成篇,每一场都是陡然而起,且充满激情。它不是《茶馆》,也不是《蔡文姬》,更不是《雷雨》。它不同于我以往所见到的中国戏剧舞台上的任何一部戏,无章可循,没有参照。剧本新的风格样式,给演员的表演带来新的课题。接到剧本后,我向导演提出建议:"能否让我亲自去见见杨贵,和他好好谈一谈?"导演的回话出乎我的意料:"这次创作不用,你回家好好看看美国影片《巴顿将军》。"导演的话让我心里一激灵,我的直觉告诉我,这次创作将会和以往不同。通过反复观看影片,我似乎明白了导演的创作意图,他要摒弃以往舞台上十全十美的"高大全"的人物形象,他要塑造一个有血有肉、真实可信的民族英雄。巴顿将军就成了我要找的"角色种子"。

导演对话剧《红旗渠》的风格样式做出了全方位的解释:"《红旗渠》就是咱北方的太行山,扑面而来,气势夺人。它不是南方的青山绿水,它是一杯烈酒,90度以上的酒头,喝上一口噎得你喘不过气来。它是雕塑,是泼墨,是大写意,而不是工笔画。它非黑即白没有过渡色。表演上要求演员高声大腔,不要柔声细语。情感表达上要一步到位,不要拖泥带水。形体动作要有'范儿',要放大,而不要那种'纯生活'的表演状态。"

俗话说，头三脚难踢，万事开头难。第一场戏是全剧的关键，也是全剧的基调。第一场是从杨贵一个人长达几分钟充满豪情的一大段独白开始。观众刚进剧场还没稳住神，就是超长的大段独白，能否一下子抓住观众的注意力，我心里着实没数。经过不断摸索，处理这段台词时，我把台词团成团儿，想到哪儿说到哪儿，有时甚至不分逗号、句号一气呵成，就像巍巍太行山扑面而来，先声夺人。这既避免了冗长拖沓，又加大了信息量。在形体动作上我采用了"巴顿式"下跪，撩大衣，扔大衣及大幅度的舞台调度。这既体现了舞台整体节奏，又表现了主人公的豪气、帅气和霸气，同时也展现出杨贵"重新安排林县河山"的英雄气概。观众瞬间静了下来，他们为杨贵的语言所感染，为林县人民的精神而激动。

《红旗渠》的剧本创作及舞台表现形式准确地反映出时代特征。比如"命名红旗渠"这段戏，剧作者采用了诗歌化的排比句，甚至是标语口号式的豪言壮语："一条用红旗汇成的红色巨流，奔腾在太行山巅，浩浩荡荡，势不可挡……"如果很生活化地处理这段台词肯定不行，会觉得软绵绵的很不给力。如果夸张表演，又怕犯表演大忌——表演情绪化。生活是创作的源泉，每个时代肯定有它的时代特征。而修建红旗渠的时代，是一个有信仰，有理想，充满"敢教日月换新天""三年超英赶美"豪言壮语的时代，人们的思想就是那么单纯，情感就是那么真挚，这就是那个时代的特征。我们必须回到那个激情燃烧的时代，以此为依据，才能创造出真实可信的人物形象。这种认识的确定，消除了我在创作上的种种顾虑和困惑，我处理这场戏也就有了自信。舞台上，杨贵诗歌朗诵般的语言处理，舞蹈化的形体动作，横跨舞台的大幅调度，再配以真挚的内在情感，使观众一下子回到了那个激情燃烧的年代，痛痛快快地洗了一把精神上的"桑拿"。

话剧《红旗渠》的服装设计既大胆又巧妙，宽大的款式，雕塑般的皱褶，岩石样的颜色，和太行山浑然一体。它既体现了时代特点，又和整部戏风格非常贴近，宽大的衣袖很像戏曲服装的水袖，颇有几分戏曲表演的味道。穿上这样的服装，演员的外部动作不由自主地就要放大，表演自然而然就产生了"范儿"。否则，演员在舞台上就会显得呆板小气。它既有利于演员的感情抒发，又体现了《红旗渠》的艺术风格，真可谓独具匠心！

话剧《红旗渠》在艺术处理方面进行了新的探索和大胆尝试。比如，杨贵和调

● 话剧《红旗渠》剧照

● 话剧《红旗渠》剧照

查组谈心这场戏,当杨贵悲愤交加激情达到最高潮时,导演做出了一个非常大胆的处理:杨贵把7.2米长的桌布陡然扯起,然后慢慢倒地,随着情感迸发,猛然站起把桌布抛向空中。这一连串的动作处理把戏剧推向高潮,观众含泪报以热烈的掌声,直呼震撼、过瘾。第八场杨贵和乡间大儒杨起梦相互"挪凳子"的处理尤为有趣,随着两个凳子一步步靠近,两颗赤诚的心在渐渐靠拢。杨起梦说:"你敢用我就能写。"杨贵说:"你能写我就敢用。"最后,两个凳子终于靠在了一起,两个心灵碰撞出了火花。此时,观众发出了会心的笑声。另外,第十二场杨贵和黄继昌打架这场戏非常不好处理。舞台上没有任何支点,再加上杨贵的一大段独白超长,观众能否承受得住?经过反复琢磨,导演做出了非常大胆又非常简单的处理。杨、黄二人像儿时的伙伴一样,打累了,闹够了,二人就同时四脚八叉地躺在舞台的斜坡上一动不动,形成"大人"的字样。舞台下的观众连演员的脸都看不见,却能听到杨贵娓娓道来的心声。此时的剧场异常安静,观众在静静地咀嚼着杨贵的酸甜苦辣。这一简单的处理,恰恰起到了四两拨千斤的作用。当二人紧紧拥抱在一起时,观众无不为之动容。

值得一提的是千军万马上太行这场戏,灯光渐亮,舞台上出现一组组雕塑般的人群,16辆小推车一动不动。随着演员"堵了,堵死了"的齐声大喊,马上给观众营造出了一个千军万马上太行的恢宏场景。一个个人物从历史中走来,好像复活了的兵马俑,它让观众产生了无限联想,又好像身临其境。"以静制动,以少胜多"正是舞台艺术的魅力所在,也是话剧《红旗渠》的探索和追求。

杨贵和红旗渠是真人真事,对杨贵这个人物的塑造,我们没有拘泥于形似,而是重在挖掘人物的内心世界,我们想让他回归本真。杨贵在剧中的一甩(甩大衣)、一挪(挪凳子)、一扯(扯桌布)、一抛(抛桌布)、一抢(抢大锤)、一躺(躺山坡)、一跪(跪乡亲),使他的内心情感得到了酣畅淋漓的宣泄,既揭示了他鲜明的人物个性,也体现了话剧《红旗渠》在表演上的追求。随着剧情的发展,一个高大的人物形象在观众的心里渐渐清晰起来——好一个活生生的杨贵!

在物质富足、科技发达的今天,我们更需要进行精神的洗礼、灵魂的修复和心灵的灌溉。把话剧《红旗渠》成功搬上舞台是河南话剧院几代人的情结和梦想,是我们这一代人的使命和担当,同时它更是时代的呼唤。前几天,我在电视上看到一部纪录片,一群大象用自己的身体把一头正在产崽的母象紧紧地包围在中间,它们在用生命保卫着母亲和孩子的安全。此情此景令我感慨万千。动物尚且如此,更何况人类乎?中国的改革正处在攻关阶段,我们每一个公民、每一个共产党人,能否像当年林县的英雄们一样勇敢地站出来肩负使命、勇于担当呢?时代呼唤英雄,民族需要精神,这就是我们提倡了半个多世纪的红旗渠精神!

十六

四十年前,
一个十七岁不谙世事懵懵懂懂的少年,
看到了一座山,一座话剧的高山,
在我的眼中,
它是那么崇高,那么神秘,却又那么遥远。
于是,我朝着它使劲地跑,拼命地赶。
可路依然是那么长,山总是那么远。
索性,我不再看那路,不再望那山。
我慢慢地走,缓缓地赶,一步一步,不紧不慢。
蓦然回首,离天三尺六,风景独好这边。

二〇一三年,
全国十七家话剧齐聚"十艺节",
华山论剑!
《红旗渠》已万事齐备,整装待发,
面对如林强手,纹丝不乱,
一举拿下"文华大奖"话剧榜首,
折得桂冠。
实现了河南话剧的历史性突破,
完成了河南话剧几代人的夙愿,

也成为河南话剧院崭新的起点。

酒喝干,再斟满,

数风流人物,还看中原!

二〇一一年,

一群怀揣着梦想的老年、中年、青年,

河南话剧院这群老少爷们儿,

谈笑风生,激情豪迈,重上太行山。

飞跃林滤洞,脚跨石板岩,

远望八百里太行,

巍峨蜿蜒,层林尽染,

万木霜天红烂漫。

遥想当年杨贵和他的伙伴们,

分水岭下论筹谋,

青年洞前探水源。

十万大军蜂拥出动,

个个阵前一马当先。

十年风雨,十年苦干,

血汗凝成如今一个个丰收年。

采一株山花馨香袭人,

掬一捧渠水晶莹甘甜,

一个个人物就像一尊尊雕像,

山一样矗立,仿佛就在眼前。

思绪呀,

像生出了翅膀,在艺术的天空中,

飞得更高更远。

河南话剧人正秣马厉兵,

迎接新的挑战!

"我们端一碗灵魂的玉米糁粥,无疑是对民族心灵贫血、缺钙的一次补偿,一次滋养,一次救赎。"

这是导演札记,

这是话剧《红旗渠》对中华民族的承担!

"我们要把愚公移山这一穿越千年,

定格在太行山上的当代神话,

定格在我们的舞台上,中国话剧的舞台上。"

这是河南话剧人的铿锵宣言!

听,小号声声,声震九霄云外,

前方正酝酿着一场恶战。

看,旌旗猎猎,风卷漫天硝烟,

他们义无反顾,重建精神家园。

五黄六月三伏天,

酷暑难熬,高温难耐。

三公斤,六公斤,上百公斤的汗,

老少五代齐上阵,排练场上战犹酣。

新样式,新表演,

语言怎么说?

对白怎么讲?

独白怎么念?

个个人物定要如钢似铁,

组组雕像须是刀劈斧砍。

中原人,多奇志,

敢叫舞台换新颜,

话剧《红旗渠》横空出世,

搅动了商都郑州,

震撼了茫茫大中原!

这是一部中华民族的奋斗史,
民族崛起的呐喊动地惊天!

二〇一三年,
《红旗渠》风风火火,马不停蹄,
一路走来,豪气冲天。
走中原,征东南,闯关东,奔西南。
两下上海,黄浦江畔赏日落;
两上北京,天安门前迎朝阳;
三赴山东,泰山脚下扎营盘。
几百个日夜,五万公里行程,
太行山民的声音响彻大江南北,
《红旗渠》足迹踏遍中华河山。
那一次,五十多个小时紧张时间,
太仓、北京、上海三个演出地点,
《红旗渠》行程三千多公里,
完成了南北三场演出,
创下了历史的新篇。
还记得,《红旗渠》的演出现场,
泪水不停,掌声不断。
人们为跌宕起伏的剧情唏嘘流泪,
人们为心中的伟大英雄欢呼赞叹,
一句句感人、震撼的赞扬声,
至今萦绕在耳边。
《红旗渠》历时四年,
披荆斩棘,
谈笑凯歌还。
生活是艺术的源泉,

没有源泉红旗渠定会枯干。
感谢生活,感谢太行山,
感谢当年那半年多的生活体验。
记忆里抹不去的是
那车,那筐,那锤,那钎,那号,那炮,那汤,那饭。
人生中忘不掉的是
那人,那事,那情,那景,那草,那木,那石,那山。
我们感受到了
山的性格,山的脾气,
山的情怀,山的浪漫。
因此,话剧《红旗渠》就有了
山的脊梁,山的气派,
山的血肉,山的躯干。
太行山成就了红旗渠,
红旗渠映衬着太行山。
这是民族精神的真实写照,
一个个大写的人字,挺立在舞台中间。
一声声不屈不挠、不向命运低头的呐喊,
把中国人的心灵震撼!

《红旗渠》凝聚五代话剧人的心血,
饱含我的前辈们殷切的期盼。
"文华大奖"话剧榜首的荣誉
重千斤,沉甸甸……
我难忘,
难忘话剧表演艺术家苏政,
在首演第二天一早打来电话,
近一个小时的叮咛嘱咐,亲切和蔼:

● 话剧《红旗渠》演出结束后,各级领导与演职人员合影

"祝贺话剧院出了一部好戏,
祝贺话剧《红旗渠》出了一个好角色。
孩子,一个县委书记,一个铮铮男子汉,
是否哭得多了一点,是否跪得多了一点……"
她用一个老艺术家的赤诚情怀,
给我们留下了永久怀念。
我难忘,
难忘杨丽萍厅长对《红旗渠》的支持关爱,
南北专家座谈会上,百忙的她,不顾连日疲惫,整整坐了一天,
始终耐心地倾听,微笑着陪伴。
我难忘,
难忘赵新宝院长那疲惫的神态、熬红的双眼,
他说,排了这么多年戏,

《红旗渠》给了我前所未有的精神震撼!
我难忘,
难忘我的挚友、《红旗渠》导演李利宏,
他手捋长发,目光坚定,一身汗水,满脸通红,
对艺术的坚守,对精神的追求,
使他永不止步,一直走向艺术之巅!
我难忘,
难忘剧作家杨林先生首演后那深深的一躬:
"这就是我心目中的红旗渠,这就是我心中的杨贵,
谢谢你们,谢谢你们的精彩呈现。"
我难忘,
难忘江西剧院门口,
一位八十多岁的老人激动万分,
让每一位演员签名留念:
"感谢红旗渠,感谢河南话剧院,
你们又让我回到激情燃烧的当年。"
夜幕下,那身影一动不动,
尽管车已驶出很远很远。
每每想起此情此景,
心中唯有祝愿,
祝耄耋老人一生平安!
我难忘,
难忘贵州仁怀市委书记面对观众大声疾呼:
"向红旗渠学习,我们也要重新安排仁怀河山!"
气冲牛斗,好一个杨贵再现!
我难忘,
难忘剧院的老师发自内心的真诚鼓励,
一招一式,悉心指点。

难忘"五大常委",
舞台上顶天立地,气贯长虹,
舞台下团结协作,亲密无间,
我的铁哥们儿,我的好伙伴。
难忘剧院的年轻演员和孩子们,
一捧一捧的泪水,一身一身的血汗。
"文华大奖"你们功不可没,
未来的艺术高峰将由你们登攀。
最最难忘,一双双观众的泪眼。
最最欣慰,唤起人民千百万,
为国家,为民族,
铆足劲儿,同心干!
六十年来快马加鞭未下鞍,
河南话剧人的追求,前赴后继代代传。
我的前辈,我的老师,
我的战友,我的伙伴。
我们痛苦,我们欢乐,
我们流血,我们流汗。
我们苦苦追求,我们咬牙奋斗,
我们并肩携手,不离不弃。
风卷红旗过大关!
"文华大奖",这奖牌好重好重,
犹如黄河的水,恰似太行的峦。
极目远望,路漫漫其修远。
我们涉水,我们爬山,
需努力,莫畏难,
追求不变,信念依然!

十七

斗转星移,日月如梭。从1973年进团至今,我已在话剧院工作、生活了41年。

41年,在人类历史的长河中,只是短暂一瞬,而对每一个个体来说,却是一个漫长的过程,甚至是一个人可用于工作的全部时间。41年,我见证了话剧院的辉煌,也经历了话剧的低谷,经受了社会上各种思潮、观念的冲击,饱尝了话剧萧条带来的尴尬与艰难。说实话,面对社会上的光怪陆离、市俗诱惑,我曾经犹豫彷徨困惑;为了让哺乳的妻子有一个安居的环境,让襁褓中的孩子有一袋奶粉,我也曾身心交瘁、拼命奔波。但我庆幸的是,无论怎样艰难,我始终没有离开剧院,始终没有离开那些指导、关心我的老师,始终没有离开一起学艺、一起长大的哥们弟兄,始终没有离开我挚爱的话剧艺术。

曾几何时,文艺体制改革成了某些人追求政绩、加官晋爵的筹码,口号一喊就是多少年。应该说,经过长期统管,尤其经历"文革"对社会主义文艺事业的破坏和摧残,改革势在必行,改革的初衷是使文艺发展繁荣,然而改来改去,改革成果只是削减了国有文艺团体的经费,使那些给人们带来精神食粮的艺术家们的腰包更瘪。改革曾经一度变了味儿。

由于经费锐减,造成剧院经费困难、举步维艰,演职员只发40%的工资,每月只有几百元,度日艰难。20世纪80年代末,我已小有名气,一些企业老板通过各种关系慕名上门,劝说我弃文从商,其中一个许诺年薪8万元,飞机来飞机去,只当旅游,如果想演戏,每年专门给4个月时间。晚上躺在床上,我睡不着,思前想后,我是演话剧的,好歹也是艺术圈的,经商算什么?最终决定放弃。90年代初,某军区话剧团领导找来,开出军官待遇、解决三室一厅住房、安排老婆孩子的优厚条件,可我打小就在河南,生于斯长于斯,河南培养了我,我不能离开。有人劝我:"树挪死,人挪活。"可我广林就是念旧,就是舍不得这块地儿。

1991年,我参加电视剧《喋血龙门》的拍摄,认识了该剧的制片人赵虹。赵虹不仅长得俊俏漂亮,还聪明能干、心地善良。那天,正好是我的生日,赵虹不知怎么知道了,特地准备了酒菜和生日蛋糕,召集一帮哥们儿给我祝贺,我被深深感动。经过一年的接触,1992年,我们走到了一起。

赵虹原本是洛阳市豫剧团的当红演员,主演过不少脍炙人口的剧目,塑造过不少栩栩如生的角色,在豫剧界名声响亮。我们结婚后,她离开了从小喜爱的豫剧,离开了洛阳的家人,随我过起了居无定所的生活。还记得那是孩子出生的时候,剖腹产后的赵虹躺在病床上,有气无力地嘱咐我:"去请手术大夫吃个饭吧。"我一刷卡,卡上只剩区区3000元,这就是我们的全部家当。

孩子出生后,赵虹一直照顾孩子,五六年后才调入省话剧院。话剧院住房条件差,我们几年搬了6次家,住过排练厅的顶层和底层,住过低矮的平房,搭个简易棚权当是厨房。一听说搬家,不谙世事的孩子兴奋地叫着"又搬家了,又搬家了",我只好扭过头,与赵虹四目相视,满眼泪花。

不论生活怎样艰难,赵虹从无怨言,她以柔弱的身躯,始终站在我的身后,为我遮风挡雨,不惜荒废自己的演艺事业,耽误自己的表演才华。我感谢她!

河南是戏剧大省,可那是豫剧的天下,话剧始终处于弱势。有几年,话剧院基本没有商业演出,演出市场萧条冷落,一些朋友先后离我而去,转行高就,可我就是不愿放弃,小品、朗诵、配音、影视剧、广播剧、主持人……啥都干,一直坚持在舞台上。

老天眷顾我,给了我演戏的机会,我赶上了复兴的伟大时代。我在一部部话剧饰演主角,焦裕禄、吴金印、杨贵……每次演出,对我来说,都是一次灵魂的涤荡和洗礼,我在舞台上塑造他们的艺术形象,而他们的精神感动激励着我,成为我做人做事的榜样。

我生在开封,在开封度过了少年时代。开封是个饱经磨难的城市,在漫长的历史岁月里,她一次次被黄河淹没,一次次被泥沙埋葬,一次次被战火化为灰烬,一次次被贫穷和疾病毁灭,然而,水涨城高,她又一次次在废墟上叠起一座座城上城,以不屈的风骨屹立在中原大地。而我的骨子里,就有开封汉子的特质,坚韧、执着、诚实、善良。因此,不论风云变幻、潮起潮落,我坚守着,为了胸中的梦想,为了河南话剧的振兴!

2014年11月8日,作为"河南省艺术名家推介工程"的组成部分,由河南省文化厅主办,河南省话剧艺术中心、河南省文化艺术研究院承办的"吴广林表演艺术研讨会"在郑州召开。北京的专家来了,省文化厅的领导来了,兄弟省份话剧院团的领导来了,省内戏剧界、评论界的专家学者来了,和我一起摸爬滚打大半辈子的舞台上的好搭档、生活中的好兄弟姐妹来了,各大新闻媒体的记者们也来了,他们从不同侧面对我的表演艺术给予了很高的评价,说我是"中国话剧的太行山",说我是"演艺界的楷模",说我是"德艺双馨的话剧表演艺术家"……我是个演员,演了几部戏,饰演了几个角色,塑造了几个舞台人物,说到底,只不过做了一些应做的分内之事,不曾想要得到什么赞美,获得什么荣誉,这些褒奖太高,高得让我受宠若惊!唯有怀揣感恩之心,百倍努力,不负期望,在追求艺术的道路上继续躬耕前行!

近日,我们剧院接到了排演话剧《孔子》的任务,很快就要国外巡演,我将在戏中扮演主角。省里也指示创作排演一部反映新疆生产建设兵团史实的大型话剧,再现激情燃烧岁月那些可歌可泣的英雄事迹。任务很急很重。明天,我将随团赴京观摩演出,为这两部新戏的创作收集素材,激发灵感,做好前期准备。

夜深人静,万籁无声。站在窗前,凝视夜空,不禁想起屈原《离骚》中的名句:"路曼曼其修远兮,吾将上下而求索。"这是我的信念,也是我的责任。

新的征程已然拉开序幕,明天的太阳依然美好!

纵横天地间,游刃方寸地
——品鉴话剧舞台上的"帅派"老生吴广林

谭静波

　　戏曲中的"帅派"老生塑造的大都是忠臣良将、英雄好汉,表现的是爱国之情、忠义之心、不平之气,做派往往气势大、风度帅、力度强、分量重,那明朗舒展的声腔始终洋溢着忠勇义士的风骨,那慷慨激昂的悲歌永远放射着血性汉子的激情。这个行当是最出彩的行当、最霸气的行当、内蕴最丰富的行当,亦是最具正能量的行当。著名表演艺术家吴广林即是河南话剧舞台上的"帅派"老生,他在话剧《公仆》中饰演的焦裕禄,在《太行山人》中饰演的吴金印,在《宣和画院》中饰演的李子信,在《红旗渠》中饰演的杨贵等,都是在社会主义建设及改革开放大潮中冲锋陷阵的英雄豪杰、仁人志士。吴广林以民族化、戏剧化的追求,以朴实、厚重、从容、自然、豪放、洒脱的风格将这些人物演绎得栩栩如生、真挚真切、动人心弦、荡人心魄,让人真正感受到了那种纵横天地间,游刃方寸地的"帅派"之气,在中国话剧舞台上,擎起了一面具有中原风格、中原气派的旗帜。

一、舞台方寸地的随性、任性和率性

吴广林是一位成熟的艺术家,有娴熟的驾驭舞台的功力,能够根据不同类别的人物、不同的情感内涵,运用不同的表现方法塑造人物,力求在话剧舞台上达到体验与表现的和谐统一。表达英雄豪杰的真性情,对于吴广林这样的艺术家,似乎并不是件困难事,但要表达一位正直的文化人的真性情,坦露基层优秀党员干部挚友间、同道间内在的情感交流,并不是一件轻松的事。他需要在人物语言与行动表达中有更深刻的内在支撑,更丰富的内心独白和潜台词,才能拿捏好那方寸地的随性、任性和率性。

《宣和画院》是一部讲述在市场经济大潮冲击下一群文化人坚守文化人格、解剖精神、解剖灵魂的作品。剧中的两位著名的书法家李子信和廖桂云是一对有着深切友谊的挚友,但受经济大潮的侵扰,李子信的儿子为了生意上的事,竟偷偷地以廖桂云的名义私刻印章,从而犯了文化人的大忌!在守信还是毁义的大是大非上,李子信与廖桂云分别以不同的方式对自我进行着精神的"拆洗"。这是一场英雄惜英雄的戏剧,与廖桂云刚直的"硬"所不同的是,吴广林饰演的李子信是一个带有中庸色彩的正人君子,所以他的直有点儿"圆",有点儿"涩",有点儿让人五味杂陈。如颇有些失魂的李子信欲去向廖桂云坦露真相,然与廖一见面,却情不自禁地陷入到二人间谈古今、品字画、论周易的语境中,谈得那般忘我开怀,那般随性、任性、率性,以至到被来客打断,才恍然清醒,才顿觉遗憾与失落。

表现李子信因愧对朋友而徘徊、而随波逐流、而幡然醒悟,也十分地随性、任性与率性。如:李子信找罗豪豪为儿子拆洗、送礼时的惴惴不安、手足无措;杜瑞瑄上门来"拆洗"造假了,李子信更是站立不宁、魂不守舍……把一个正派、正直的文化人欲做亏心事的忐忑、尴尬、慌乱、惊悸,表现得惟妙惟肖、入木三分。然而,闻听廖桂云"挂笔",震惊慌乱中的李子信却干脆来了一通怒骂,骂得义愤填膺,骂得嗷嗷哭泣,任由真性情无拘无束、自由释放。这是茫然中的愤然,这是徘徊中的自省,带给人深深的震动和启示。这种精神的自我拆洗,极其自然真切地游刃于人物的"环境、语境、心境"的方寸地,深刻反映了一代文人在文化坚守、人格坚守中艰难实现的一次新的蜕变。

● 话剧《宣和画院》剧照（饰演李子信）

还有一出表现人物真性情的好戏，是《红旗渠》中吴广林饰演的林县县委书记杨贵巧妙处理与黄副县长的不和谐关系。县委扩大会议上，杨贵将一个唱反调的黄本和一个弹正音的红本智慧地移花接木混搭在了一处，巧妙地将一盘僵局下成解决问题、找出答案的一步活棋，而这一切都是在谈笑风生中完成的，既率性又真挚。这是非常个性化的杨贵式的处理问题的方法，这种举重若轻的表现方法将战天斗地艰苦战中两位核心领导者的心紧紧贴在了一处，彰显了吴广林驾驭人物的高超功力。

二、舞台纵横间的英气、豪气和霸气

作为一名优秀的话剧演员，吴广林已成功地遵循话剧舞台的体验与表现方法创造了一个又一个的"这一个"，他能将生活的体验与艺术的体验有机融会，把人物刻画得栩栩如生、惟妙惟肖。然而，吴广林更是一个不安分的艺术家，他没有停留在舞台的本真处守成、守固,他在探索话剧舞台的民族化、地域化和个人表演的风格化上迈出了一大步。他像一匹脱缰的骏马,昂首奋蹄,纵横天地,显示出特有的英气、豪气和霸气。话剧《红旗渠》是一部"出格"最大的作品,吴广林塑造的杨贵更是一个"出格"最大的人物。

戏曲舞台的情感是诗化的情感,这种诗化的情感是被赋予了色彩的、音乐的、舞蹈的形式,赋予了鲜明强烈的节奏感。它是一种立体化、形象化的形式,所以更具感染力。为了表现这部气壮山河的、壮美的史诗剧,《红旗渠》的导演和演员们更直接、更大胆地把这种立体的、形象的、诗化的东西拿了过来,同时还融入了超现实主义、现代派、意识流等新成分,用超越常规的艺术理念去提纯那种潜在的精神核动力,去展示这群扛起时代江山的"大人物"。这是一种全景式的舞台呈现,导演是以粗线条、大写意、大开大阖、大起大落的风格拉开了这场英勇无畏、千军万马战太行的历史画卷。然而,最醒目的是县委书记杨贵的形象塑造,他是戏的灵魂,艺术家以超凡脱俗的创造力,为他注入了神奇的灵光。必须同导演创造的全剧风格相一致,吴广林一反常态的"纯生活",让杨贵生活在一种放大了的情感真实里。人物的情感在保持深刻体验的同时,被赋予了鲜明的色彩、强烈的节奏、立体的形象,以大动作、大腔调、大气势纵横天地间,显示出一位卓越政治家特有的英气、豪气和霸气。

第一场的开场就十分精彩,这是杨贵带领县委领导班子在漳河岸边向太行山宣战的场面,只见黝黑嶙峋的太行山崖处,一束光亮了,一个汉子从地上站立起来了。他的亮相被大家誉为巴顿将军似的风范——他身披大衣、双手叉腰,他目光炯炯、神采奕奕,他大步流星、上下跑动,他指点山河、声如洪钟。多么沉稳,多么高大,多么气派,多么威风!这就是带领县委领导班子动员"引漳入林"工程上马的林县县委书记杨贵。他言道:"咱们一路走来,都张着大嘴,在等水喝……就是这条近在咫尺的浊漳河,听听,它在翻滚打浪啊,多好的水、多大的水……哗哗地流走了……林县55万百姓需要水,91万亩耕地需要水……逃避、不干,老百姓会骂我们是一群蠢才、吃才……"这番包含着自省、自问、自叹、自信的动员令,被吴广林打成了包、团成了团,讲得一鼓作气、一气呵成,讲得振聋发聩、浩气逼人。最后,他大踏步地由崖下跑上高台,把大衣脱掉甩向后方,冲着高山呼喊:"太行山,你听到

● 话剧《红旗渠》剧照

了吗？从今天起，我们的较量就开始了！"这胆量，这气势，使天地为之惊叹，使神鬼为之震颤！

　　以下的行动始终贯穿着这样的粗线条、大气势。第二场，人喊马嘶、场面混乱的开山道路上，杨贵及时赶到了，只见他迅速地摸清症结、迅速地分派任务，那般果断、那般不容分辩，像战场上的大将军指挥若定。第三场，当看到众百姓为支援修渠不顾宗法礼数，披星戴月拆除祠堂的大义之举，眼含泪花的杨贵跪下了，他掷地有声，发出了郑重的承诺："今天借你一条路，明天还你一条渠！"他再度向乡亲们深鞠躬，然后，大步匆匆走向另一处战场。这话语、这动作，将党和百姓的感情，百姓和路和渠的感情，紧密而豪迈地联结在了一处！第七场，在林县县委班子再一次开会调整战略思路，杨贵与对手黄副县长终于合力站在一起时，一幅插满一面面红旗的"引漳入林"渠线示意图横空而降。杨贵再一次挥起了他的臂膀："同志们，你们看到了什么？一条用红旗汇成的红色巨流，奔腾在太行山巅，浩浩荡荡，势不可挡！……红色象征着革命，红旗象征着胜利……我提议，把'引漳入林'工程正

纵横天地间，游刃方寸地 ········ 059

式命名为'红旗渠'！"字字硬朗,如刀剁斧砍;句句响亮,如山石崩裂。他代表的是林县县委班子集体的意志,他发出的是林县人民集体的宏愿!

最让人刻骨铭心的是,杨贵目送为修渠付出身家性命却无怨无悔的父老乡亲时的大段独白:"吱吱,我知道我欠你一盆洗脸水;金锤四兄弟,我欠你们一顿饱饭;凤兰、继红,我欠你们一个家。太行山,你听着! 为了林县所有的吱吱都能洗上脸、抹上胭脂,为了林县所有兄弟都能吃上纯白面的捞面条,为了所有的凤兰、继红都能有一个不缺水的家,为了林县所有的母亲都能掀开缸盖就能熬汤做饭……不管三年五年、十年八年,哪怕牺牲掉我们这一代人,我们一定要让漳河水流进林县!"喷薄而出的台词,仿佛浸泡了无尽汗水,渗透了无数血泪,坚硬中有柔婉,凝重中有舒朗,发人深思,催人泪下! 正是这大段大段发自内心、发自肺腑,澎湃着激情而又功力非凡的台词,正是这大块大块豪气万丈的、带"范儿"的、夸饰的动作,才演绎出了艺术家粗犷豪放的风度,才演绎出了这位县委书记"重新安排林县河山"的气魄和胆略,才演绎出了林县人民彪炳史册的红旗渠精神!

三、舞台困窘处的坦诚、赤诚和忠诚

一部精品佳作,不仅要有大刀阔斧,也要有精雕细琢。一位英雄豪杰,不仅有顺境、有坦途、有奋发、有昂扬,也有困窘、有危机、有痛苦、有低落。只有精雕细琢地演出困窘处人物内心的冲突和自我挣扎,咀嚼触动人物心灵深处的隐秘处,才能真正演出人物的心理厚度和精神高度,而只有十分成熟的艺术家才能达到这种厚度和高度。我与吴广林只是同仁之交,并无深层接触,但看他眉宇间的豪气、谈吐间的优雅、举止间的合度,已使我感到他是一个有文化修养的演员,一个有生活积累的演员,一个有着丰厚的精神经历的演员。所以,他才演出了这样的境界!

《红旗渠》中,杨贵曾遭遇过大大小小、各种各样的困窘和危机,然而,最大的困窘和危机莫过于在他一边提着脑袋舍着性命为百姓、为国家做事却得不到上级组织的理解,一边还受诬陷、受怀疑、受斥责、受审查,这是精神上的困窘和危机。所以,第九场当杨贵及同道们被省委调查组组长迫击炮般的罪名罗列激怒时,压抑太久的痛苦在沉默中爆发了。这种爆发无论是内心节奏还是外在形体动作都表现得十分有层次。他先是轻声地、伤感地诉说着小女孩吱吱之死,那般深情,那般凄婉;当再度遭到质疑,他苦笑了,他恼怒了,这个经受着万般困苦熬煎的七尺硬汉陡然以一个跃身猛扯红色长台布披身匍匐而卧的强劲动作,外化出人物万般的压抑和委屈,而后又以掩面哭泣大段静场吞咽内在的痛苦。可谓静极生动,动极生静,动静交错,动静相生,尽展了一个血性汉子的刚性和柔性。"啥叫自力更生?没有工具自己带,没有粮食自己带,没有设备就一条麻绳拴在腰上,把自己吊在悬崖峭壁去除险哪……我看着他们一个个啃着树皮,吃着小草去砸石头、背石头、垒石头,我这儿疼啊(指着心窝)!借这三万斤粮食,我就一个念头,冒个杀头之险,让跟着我修渠的民工吃顿饱饭,哪怕就吃一顿,我死无愧疚!"这段咀嚼痛苦、叩问心灵的道白是被分成了节,组成了块,一节一块抖搂出来,有快有慢、有强有弱、有高有低。此刻,他是把心掏出来让大家看,这里饱蘸着这位父母官对百姓、对党的一片坦诚、赤诚和忠诚,所以他坦露出英雄主义的磊落与倔强!这里表现出杨贵的悲伤是为了林县大地上的55万生灵,所以他给我们留下了深刻的痕迹;这里表现出杨贵的痛苦是因为他对党对国家的爱心、真心和痴心,所以他印在了观众的心里!

舞台小天地,天地大舞台。愿这位河南话剧舞台上的"帅派"老生永远英姿勃发,豪气霸气,纵横天地间,游刃方寸地!

站在人生与艺术的接点上

——吴广林与话剧《红旗渠》及其他

侯耀忠

话剧舞台是文学的舞台,话剧艺术是文学的艺术。一部话剧带给人们的不光是生活的体验、审美的愉悦和丰富的想象空间,更多的是对历史与现实中人的价值理想与人文情怀的启迪,是对人生的回味与思考,给人精神层面、文化层面的信息传递及心灵的滋润,让话剧照亮灵魂。我们的时代缺乏的是具有影响力、高品质的艺术作品,话剧应该有自己的担当。

作家陈忠实有一句话:人生凭什么活着?显然,一个话剧演员要凭自己创作的剧目活着。话剧演员的全部意义,就在于丰富自己的涵养,拓展自己的视野,创造自己的艺术,塑造自己的角色。这是远比自己的生命更为重要、更为珍贵、更为恒久的人生价值。而这种艺术创作唯一可以依赖的,只有艺术家的生活体验、生命体验和艺术体验,而且这种体验必须是具有独特性的。河南省话剧院国家一级演员吴广林,就是这样一位艺术家。20世纪70年代初,他一个刚刚高中毕业的热血青年,一个从不知何为话剧的小伙子,自踏进省话剧院的大门,一头扎进去,一干就是40多年。在他的人生履历表上,简单得只有一行字,尽管一生中走南闯北,也只是从这个舞台走上那个舞台,从这个角色转换为另一个角色。他牢牢记住一位老艺术家对他说的一句话:"要弄懂舞台,是要下一辈子功夫的。"他用了40多年的时间解读着这位老艺术家的话。

功夫不负有心人。一部话剧《红旗渠》,点燃了吴广林的生命激情,使他如沐春风,踌躇满志,雄心勃发。他肩负着省话剧院几代人的重托,下决心做一次具有突破意义的创作。几年下来,他终于如愿以偿,《红旗渠》获得了第十届中国艺术节大奖,他本人也获得了优秀表演奖。他不仅让《红旗渠》这座精神丰碑光耀神州大地,享誉大江南北,还为河南话剧人树起了一座艺术的丰碑、人生的丰碑。

面对这部戏,我一直在思索一个问题:吴广林为何能超越自己以往话剧的表演水准和艺术格调?为何能超越自己所饰演人物的文化含量和心理深度?其成功之处在哪里?我总结出以下三点:

一、着力呈现《红旗渠》史诗般的大格局、大气象

艺术的最高境界是回归人民。话剧《红旗渠》凝聚了人民的愿望、人民的智慧、人民的力量,它把一个时代、一个重大事件、一段难忘的刻骨铭心的历史带给人们内心深处的东西真实地展现出来了,把现代人想不到、看不到、体味不到的东西展现出来了。一条渠承载的不仅仅是惊世的人间奇迹,更是贯注其间的伟大的民族精神、人文情怀、生命高度、坚贞的信念和人格的力量。吴广林紧紧抓住了这一点,让人物一出场就把一个响亮的主题带出来了,就把一座大山的威严、一条大河的气势、一个时代的风云爽爽利利地带出来了。他没有当过兵,却有十足的军人气质(杨贵是军人出身);他没有当过领导,却有领导者的风度与气魄;他没有经历过灾荒,却有灾荒年间的那份渴望。生活中每一个人都是凡人,但在紧要关头,在危难时刻,挺身而出的,哪怕是往前迈出一步的那个人就是英雄,敢于面对、敢于担当的那个人就是英雄。吴广林深知,一个有英雄情怀的人才能支撑起民族的脊梁,一个有英雄情怀的演员才能塑造出英雄人物。

在各路修渠大军被困在山道上的那场戏中,众人束手无策、心急如焚、怨声四起,吴广林饰演的杨贵此时不仅表现出了一个决策者的"每逢大事有静气",而且

● 生活中的吴广林

表现出成竹在胸，无所畏惧，逢山开道、遇河架桥的大将风度。因为在他心里，填满了百姓的苦，填满了林县一代又一代人的难以忍受的生活中的磨难。眼前这热火朝天的场面，是开山修渠的力量，是势不可挡的洪流，是创造新生活的好兆头。这就是杨贵与众人在难题面前截然不同的两种看法、两种态度、两种选择。苍鹰和燕子是不在一个高度飞翔的。

在青年洞坍塌一场戏里，杨贵望着烟雾弥漫的洞口，望着一个个死去的青年突击队队员，心情沉重，目光笃定。他当着众人的面，撕心裂肺地诉说："吱吱，我知道我欠你一盆洗脸水；金锤四兄弟，我欠你们一顿饱饭；继红、凤兰，我欠你们一个家。太行山，你听着……"吴广林把此时一个共产党人的悲悯情怀、剧中人物的心理与情感分三个层次呈现出来：一是作为并肩战斗、相扶相帮的工友，为失去他们而悲痛。二是作为工程总指挥，为这场事故的发生而深感愧疚和自责。三是作为县委主要领导，要总结教训，安定人心，领着大家迈过心中的这道坎，表现出一代共产党人难不倒、吓不退、压不垮的大气魄、大情怀。吴广林把人物的这种品格、这种

● 话剧《红旗渠》剧照

胸襟、这种大爱、这种真诚演绎得充盈饱满、浓烈酣畅,表现了人物的思想力量和精神高度。

在其他几场戏里,吴广林都准确地把人物在艰难面前的忍受与忍耐,在磨难面前的从容与淡定,在遭受伤害面前的宽容与大度,以及在困境中释放出的强烈的生命激情,演绎得入情入理,扣人心弦。这种丰富的精神内涵和丰沛的人生滋味,使该剧呈现出开阔、博大、深厚的主题。

《红旗渠》史诗般的大气象,还源于这部戏的准备期、酝酿期、积累期比较长,从剧本创作到舞台演出已经历时7年了。吴广林倾注了自己几十年的舞台积累,在他的创作状态里,林县人是他的父老乡亲,红旗渠是他的精神家园,杨贵和县委一班人是他的挚友。所以,在现实生活中,面对都市的喧嚣,他就会想到那里的纯净;面对社会的浮躁,他就会向往那里的纯洁;面对世人的放纵,他就会留恋那里的纯粹。吴广林坚信,生活远比艺术丰富,生活永远是艺术不变的底色。一个演员要做的,不仅是呈现自己的智慧和追求,更要使观众看到纯真的人、纯正的心,看到人物的光芒。这是观众欣赏艺术的密码。

二、着力呈现人物丰富的心理内涵

从《红旗渠》这部戏里可以清楚地看到，吴广林是一位不倦的思考者，是一位能使自己对社会、对人生的认识不断深入，思想一步步深刻的艺术家。他始终保持着贴近现实、贴近人生的兴趣与激情，脑子里经常浮现着人物的身影，心里经常琢磨着人物的行为动作，手中的笔经常记录着自己的所思所获。他有着对艺术的更高追求，有着自觉的理性思考和孜孜以求的探索意识，因此也使自己具有了开阔的视野和人生的厚重。

人的一生要面对很多问题，其中有一些是很严重的问题。话剧《红旗渠》中杨贵面对的不是一个人的问题，而是一个时代提出的严重问题。吴广林对于处在风口浪尖的杨贵，在心理的认识与把握上，不是停留在单纯完成角色的层面，而是要以一个艺术家理性探知的品格，透析一个逆势而行、知难而进的人，他的心理的支撑点和精神层面的制高点，以思想的深刻催生情感的真挚与深沉。吴广林从四个方面揭示杨贵心理上的四种状态，也是杨贵身上具有的品质和独立人格。

一是把眼前的阻力与脚下的动力扭结在一起，人物既困惑着又清醒着。一个"以阶级斗争为纲"的年代，在政治运动的压抑下，人们正常的心理、正常的思维、正常的行为都被打上了政治的标签，是与非、对与错、好与坏，简单的道理，反而说不清、道不明。面对这一切，杨贵不是一个先知先觉者，他是生活在现实生活中的人，必然有他的迷茫、疑虑和困惑，必然有他的难言之隐。正像他在剧中诉说的：我现在就像一头牛，拉着满满一车东西，爬到半坡上，肚子饿了没料吃，拉不动了也没人帮，往上爬有气无力，往下退要车毁人亡……然而，一颗博大的爱心和一副沉重的担子使他又是一位清醒者，他要顶住压力，排除阻力，营造一个干事创业的内部环境。这种清醒，是一个人的良知，是他心灵的底色。

二是把美好的愿望与现实的无奈扭结在一起，人物既痛苦着又幸福着。林县几代人的梦想在杨贵的带领下，正在一步步实现，但是一封告状信却要把引水工程停下来，杨贵还要接受组织的调查。这场意想不到又在意料之中的风波又一次

● 话剧《红旗渠》剧照

● 话剧《红旗渠》剧照

把杨贵推向绝境,但杨贵没有退却、没有让步,更没有趴下,他一边接受调查,一边还在指挥着一刻也不能停下来的修渠工程。吴广林以人物愤然掀去桌布的大幅度表演动作,表现出了一个共产党人的光明磊落、敢作敢为、无私无畏;同时,也预示着他冲破阻力、排除干扰、一干到底的决心。另外,吴广林对人物幸福感的表达是:继续干就是幸福,工程一天天往前推进就是幸福,顶住压力、排除阻力、保持定力也是一种幸福。由此看来,吴广林把杨贵的幸福感放大了,提升了,强化了。

三是把肩负的责任与遭遇的灾难扭结在一起,人物既拼搏着又承受着、愧疚着。杨贵心里明白,林县人为了修这条渠,多少个家庭把该办的大事停了下来,多少对青年男女的婚期一拖再拖,多少条生命丢在了修渠工地,多少位老人缺儿少女。杨贵的内心是复杂的、痛苦的,他万万没有想到,一条渠竟然让林县人付出这么沉重的代价。他深感愧疚,甚至有一种负罪感。这种深情,这种悲情,这种痛苦,代表了一个时代的声音。吴广林把人物情感推向了极致,使人物的心理矛盾更加突出,更加强烈,更加外化:干,造成这么大的灾难,死伤这么多的人,自己愧对林县父老乡亲;就此罢休不干,不仅愧对活着的人,更愧对死去的人。所以,吴广林让人物在拼搏中去承受,在承受中去拼搏,并将这种承受、这种伤痛、这种愧疚化作了一股强大的力量,汇入拼搏的洪流中。

四是把前进路上的一个个坎与心中的一幅幅蓝图扭结在一起,人物既跨越着又周旋着。剧中为了展现修渠的艰难,编导给杨贵设置了一个又一个现实中的坎和带有政治背景的思想上的坎。比如修渠大军在山道上被堵;比如拆除山村祠堂时村民们的阻挠;比如修渠工地上缺粮断顿;比如工程材料与资金严重匮乏;比如县委一班人认识上的分歧;比如一封告状信;比如来自方方面面的阻力;等等。杨贵要凭借自己的胆识与智慧,凭借群体的力量,迈过这一道道坎,同时还要花费时间和精力与一些毫无意义的事情应酬和周旋。在杨贵心里,只要不撤自己的职,只要能让工程干下去,其他的事他都能接受,都能服从,都能扛着。吴广林让人物以超出常人的毅力和耐力忍受着,与多种不顺利、不协调因素周旋着、抗争着。这不仅展现着人物的智慧,又道出了其中的苦衷与无奈。这种心理、情感的开掘和处理,更加接近我们自身经验中对人物的理解与认同。

从吴广林呈现的人物丰富的心理内涵中我们可以看出,一部好的作品不会仅仅停留在对正面、美好东西的热忱展示，还会包含艰辛、苦难、困惑、无奈及人物命运的坎坷和心灵的挣扎等诸多审美命题。吴广林深谙其中的奥秘，通过自己对人物的深度理解与把握，展示出了一个艺术家应该具有的责任担当与人生思考。

三、着力呈现细节的魅力

天下大事，必做于细。话剧演员贵在演好每一个细节，让细节说话，就像织毛衣，一针也不能疏漏。其实，观众长久铭记的作品就是由一个个真实感人的细节串起来的，而那些细节正是塑造人物达到艺术典型化的重要手段。

在一部话剧里，细节是生活的浪花，细节是人生的特写，细节是物理学上的"尖端放电"，它蕴含着奇异的光彩和强大的爆发力。杨贵这个人物，在当代人的心目中，是一个英雄主义的符号，是一个存在于中原大地上永远不会抹去的显著标志。但在这部戏里，吴广林让我们真切地感受到了一个胸怀大志、身负重任的人，在现实生活、现实背景中，那淳厚、朴实、善良、坦诚而丰满的生活形态、性格形态和情感形态。

杨贵深深地爱着这片土地，他把县委扩大会议放在这块土地上召开，全剧要展示的主题也就是这块土地。剧中赋予杨贵的就是这片土地成为了杨贵生命中的全部，让他看到的是这块土地上那一张张被苦难、被干涸的风舐干了的缺少生气的脸，看到的是村民们更多的无奈与期盼。他把自己的一颗心，把自己的情感和追求，都融入了这块土地，他要与处于苦难和煎熬中的村民们，爱在一起，苦在一起，奋斗在一起。吴广林在对县委一班人解读这片土地时，突出了人物身上的四个关键点：一是要变，要想改变眼前的一切，首先要改变人，改变人的活法。二是要找，找出路，找办法，找外力。三是要干，拼上命轰轰烈烈大干一场。干，一定会有难；不干，更难，更没有出路和活路。四是要稳，要一项一项做规划，一点一点做工作，一步一步向前迈。虽然杨贵是个急性子，但干起事情来，仍然思前顾后，有板有眼，稳扎稳打。吴广林把一个领导者应具有的高瞻远瞩的眼光与胸怀民众的亲情都糅进了脚下这块土地，让人们感到杨贵发出的声音也就是这块土地发出的声音，杨贵是扎根在这片厚厚的土地上的。

● 话剧《红旗渠》剧照

我们从剧中看到，村民们在涉及眼前利益、个人利益、家族利益面前，对修渠工程涉及的拆迁、拆除等问题，表现出不理解、不支持、不配合，杨贵当着众人的面跪拜祖宗牌位，向村民们发出郑重承诺，化解了村民们心中的疑虑和担心。在那个破除"四旧"的年代，身为县委书记的杨贵，尊重民间习俗，尊重村民的意愿，敬仰村民的祖先。这一举动在那个年代是一个不协调的音符，但是它是一种精神与文化的指向。吴广林以平易和真诚，给人物以力量，给该剧添光彩。

杨贵与小姑娘吱吱在工地茶水站的亲切交谈，是一个分量很重的砝码，增添了杨贵开山修渠的信心和底气。天真可爱的小孩子说的话，最能打动成年人的心，最能赢得成年人的信任。吴广林抓住了这一点，让杨贵在一个小孩子面前，动心、动情、动容。对待孩子的要求，作为长辈，他只有尽心、尽力、尽责，达到孩子的满意。这为后来一条小生命的意外离去，人物痛心疾首、泣不成声、追悔莫及，为人物心理与情感上的大起大落做了很有力度的铺垫，让人物因失去一条小生命而引发的悲情、激情升华为一种不可抗拒的精神力量。这股精神力量，也是剧情推进的内在驱动力,给观众留下了一份感动,一份记忆。

杨贵与老秀才杨起梦在山村里的相遇,看似与该剧的主题关联不大,但却隐含着一个喧嚣时代的另一种表情、另一种姿态、另一种声音。"文革"期间盛行的一句话是"知识越多越反动",文化人成了管制对象、批斗对象,成了谁也不敢接近的"臭老九"。但在杨贵心里,仍然把文化、把文化人看得很重,他不仅以礼相待,而且还以先生尊称,以朋友相处,以修渠大军中的一员重用。舞台上,两个人不仅一步步拉近了距离,而且已经是心心相通、志同道合了。吴广林把这种与那个时代不相搭配的色调,演得很滋润、很默契、很温情,出神入化,意味深长,赋予了人物闪亮的文化色彩和鲜明的个性特征。这也充分体现了该剧着重于文化层面、精神层面的展示。

在死去的青年突击队队长李继红的家里,杨贵是以三种身份出现的:一是作为晚辈,问候、看望继红娘;二是作为修渠工程的总指挥,向老人家慰问、致歉;三是作为县委领导,听取老人家对善后工作的意见和要求。这场戏舞台上流淌的是泪水,是悲情,是刺人心肺的疼痛。巴尔扎克说:"痛苦能使一切变得伟大。"杨贵屈身给继红娘、给族人们跪下了,继红娘也给杨贵跪下了。此时,两个伟大的人格挺立起来了:一个是共产党人对老百姓的感激、感恩和谢罪,一个是以继红娘为代表的林县人舍小家顾大家的博大胸怀和崇高品质。吴广林不仅把握住了人物的情感和性格,把握住了人物的纯朴与坦诚,而且演出了一个共产党人对生命的珍惜、对人的尊重、对死者的缅怀、对自己的自责,以一个新的艺术视角揭示了党群之间的鱼水深情、灵魂相依。

在接受组织调查这场戏里,杨贵性格上的正直与刚强、无私与无畏展示得很有深度,很有亮色。吴广林把戏剧里的冲突演绎为思想层面、心理层面与人格层面的冲突:一方面认认真真、诚诚恳恳接受组织调查,检讨自己,承担责任;另一方面忍辱负重,顾全大局,把责任、把品格、把人格看得比一切都重。吴广林让人物在遭到伤害、遭到误解时,以一种"弯树直木匠"的朴素理念,直面现实,委曲求全,忍辱负重。他让人物从挫折中走出来,从人生低谷中走出来,走向宽广,走向崇高。

通过杨贵这个人物形象,我们可以看出,一个话剧演员对于人物的深度体验和审美把握,必须以对社会生活本质的把握为基础。如果没有对现实生活本质的理解与感悟，没有穿越现实的眼光，也就不会有对人物的积极健康的审美塑造，不会有撞击人的心灵的艺术力量。

话剧《宣和画院》是吴广林在人物塑造上的又一次成功的尝试。这个戏触及了我们这个社会在精神层面所面临的"隐疾"。在商品经济大潮中，时代在变化，社会生活在变化，但变化的背后出现了许多相当复杂的东西。比如经济发展了，人的价值观念却变得单一了，个人私欲膨胀，诚信缺失，追逐物质利益成了时尚。有些人还算清醒，意识到自己内心需要有依靠和支撑。但在我们的文化背景里，一些好的传统被割裂，人性被扭曲，文化遭冷落，情感在变味。吴广林塑造的一代文化人李子信是一个很有名望的老书画家。吴广林把心中的渴望，把文化人的品格、品位，把人生的意味和价值，把一个人的立身之本，把一个民族的魂灵，都倾注到了李子信这个人物身上，让他牢牢守住那份宁静，那份清苦，那份执着。李子信是名人，人们都会冲着他来，各种诱惑也找上门来，但他愿意守住现实中的宁静，因为他的精神之根扎得非常深。一个真正的艺术家是孤独的，寂寞的，他必须拒绝所有的喧嚣和诱惑，像保护眼球一样来保护心灵的那份宁静与专注。一个民族文化的薪火、人文主义的理想真正在这些人身上得到传承。在这部戏里，吴广林实现了一个文化人的人格与文格的对应和融合，让生活因精神的富有而变得更有色彩、更有意义。

《红旗渠》与《宣和画院》的舞台面貌、艺术风格和美学追求迥然不同，两个主要人物也各具特色，独领风骚。正像树与树之间总是有距离的，但它们的根须是纠缠在一起的。

一个演员要具有良好的品格，首先要有一颗沉静的心，把自己沉浸在艺术世界里。吴广林历经了40多年的舞台实践，仍然保持着一种亢奋的激情、一种不倦的美学追求。不管社会大潮如何跌宕起伏，不管时代风云如何变化，他总是以从容、淡定、诗意的姿态，塑造着一个个很有深度、很有分量、很有亮色的人物，演绎着一个个温暖人心的故事，表达着对人的精神更深层的关怀。他已经把表演作为了自己的一种生命方式。人与艺术，如同刀和磨刀石，越磨越薄，两个不同的生命一起得到了延伸。

话剧《红旗渠》带给我们的思考还在继续，吴广林塑造的人物让我们品读不尽。我想，这就是作品的价值和生命力所在。

● 话剧《宣和画院》剧照（饰演李子信）

在与艺术家吴广林多年的交往中，他生活中的"三个习惯"给我留下了深深的印象。

一是他读书的习惯。2012年年初，我刚拿到作家李佩甫新创作出版的长篇小说《生命册》，十分高兴，就给吴广林打电话通报这个消息。谁知他的回话却让我大吃一惊，他说他早已到书店买了书，快要读完了。他还在电话里说出了作品中一连串的人物，并简短地评价了这些人物命运的走向，评价了这部作品的文学价值和美学价值。一个话剧人对文学作品如此关注与投入，让我敬佩。

吴广林是一位十分热爱文学的人，他主张一个话剧演员要有文学视野和文学情怀，要让文学充盈自己的心灵。他很关注当今活跃在文坛上的著名作家的创作状态，认真品读他们的作品。他认为，一个真正的作家，是应该对他所处的时代有着深入的思考、把握和表现的，甚至对社会生活和历史发展产生重要影响的。他很欣赏优秀文学作品的精神品质：在人类的精神层面不断探索人性的奥秘，在文化层面不断展示丰富的意蕴，在文学层面不断开拓新的审美空间；让读者有时代的

站在人生与艺术的接点上 ······ 073

沉重感与历史的纵深感,显示一个民族内心世界的强大,透着一种本质上的大气和美好。他还喜欢思考文学作品中的历史背景问题、生存境况问题、命运走向问题、人物塑造问题和独具特色的语言风格。他喜欢列夫·托尔斯泰的终极追向、巴尔扎克的时代逼视、福克纳的浓郁地域风情。他还在读书中悟到了：一个作家好的创作状态、好的作品,不是出于脑子,而是源于心灵。

二是他讲故事的习惯。每和他在一起交谈,他的精彩故事就会脱口而出——讲他人生中一些难忘的故事,讲他在电视、电影中看的人物故事,讲他读的文学作品中的人物故事,讲他在新闻报刊上搜集到的人物故事,讲他在现实生活中碰到的人物故事,而且讲起来激情涌动,神采飞扬,绘声绘色,极具表现力和感染力。在他的心里经常储存着不同类型的人物故事,生长着不同的人物形象,品味着不同的人物命运。他讲故事的过程就是他说戏的过程、表演的过程和刻画人物的过程,每一个小故事、小情节,他都会让人物很个性、很鲜活、很光亮,总能给人留下深刻印象。

他讲故事时表现出的真性情,流露出的自然和率真,流淌出的涓涓诗意,是他对生活中一切美好的事物的向往和感受。他总是怀着一颗虔诚的心,在倾诉着自己的情感,在与人物的心灵交流中使自己自然地进入到了一个色彩绚丽的文学的世界。一个艺术家的现实生活和精神生活往往是不在一个空间的,我们也都会从他的故事中体会到,一个艺术家对于艺术的精神追求达到了何种程度,他的那种诗人的敏感和精到的语言与他想要达到的那个艺术世界有着怎样的血肉联系。当生活中有那么多人在崇拜艺术之外的权力、地位、金钱时,吴广林却在推崇着他心中的人物,讲述着他们的故事,将他们视作心灵的楷模、人生的理想目标,这样的精神追求折射出了他做人的纯真和对艺术的纯粹。

三是他动笔的习惯。表演,是他的一种生命方式;写作,也是他的一种生命方式。他不仅阅读文学作品,阅读文艺理论,还动笔写散文,写诗歌,写随笔,写评论文章。他的作品充满诗的激情、诗的品格和诗的韵味,同时又有一种富有哲理的人生思考,表达着对历史的审视和对现实生活的直面中一种新的对自身、对社会的认识与把握,表达着他的价值理念与精神底色。在他的艺术创作中,他还动笔写下自己的表演体会和对人物塑造、对细节呈现的可喜收获,写下他在生活中、在舞台上捕捉到的点点滴滴。他要在写作中发现世界的丰富、人生的丰富、艺术的丰富，这对一个艺术家的精神历练来说，应该是一个不可缺少的重要因素和成长过程。作品要成长，首先演员要成长。

　　写作也是一个积累和沉淀的过程。吴广林总是在平心静气地思考，总是对生活、对艺术不断地回味。他的心很坦然，很纯粹。他细细地琢磨，细细地梳理，细细地归纳与概括，力求获得最深刻的认识和最透彻的感悟。由此可见，一个艺术家要在艺术上有大的收获，如同田野上辛劳耕作的农民同样地艰难。

　　吴广林的三个习惯，温暖着他的情感，浸润着他的人生，支撑着他的艺术，弥漫着无处不在的心灵的动力。

　　"立一管擎天，长满树风华"，我们满怀信心地期待着艺术家吴广林带给我们更多惊喜！

开悟见性的"戏痴"
——话剧表演艺术家吴广林折射于舞台的角色灵光

黄海碧

演一出好戏并使之接近或成为经典,在那经典中塑造一个深入人心的艺术形象,对于一个以表演艺术为事业追求的人来说,不啻为一生的追求。除了有赖于文艺女神缪斯可遇不可求的眷顾,从一定意义上说,更离不开表演者在戏剧实践中的舞台经验积累和对表演艺术的开悟见性。河南省话剧院的表演艺术家吴广林,近年来在改变河南省戏剧艺术格局的大型话剧《宣和画院》和《红旗渠》中分别领衔主演的李子信和杨贵,不仅以鲜亮的艺术形象丰富了河南戏剧的人物画廊,更是以在话剧《红旗渠》中成功塑造了杨贵这一形象的艺术感染力和表演魅力,摘取了第十届中国艺术节"文华优秀表演奖"的桂冠。

回眸时光匆匆,吴广林从《宣和画院》中文气十足的李子信,到《红旗渠》中激情燃烧的杨贵艺术形象的塑造,除了多年表演艺术经验的积累,无不渗透着他"个人敏感"的理解和开悟见性的苦心揣摩。他从舞台空间及生活境遇所呈现的互文状态中,由最初的研读剧本延及角色的人物分析,从排练场的一次次交流碰撞过渡至公演接受观众的检验,始终都不断发生着他和角色之间的心理呼应,由雾锁津渡的必然王国抵达驾驭角色形神兼备的自由王国,淋漓尽致地发挥出炉火纯青的表演功力,与所塑造的角色心神合一地相互附体。

在戏剧模仿现实的有限空间里,以远大目光注视国家未来,对社会走向的偏差进行批评与思考的《宣和画院》,曾以守望文化的尊严与高贵,如挂在天边夜幕里那盏灯,让穿越现实黑暗看到精神黎明到来的观众热泪盈眶。吴广林在剧中饰演的主人公——书法家李子信,在一爿书画店内外平中见奇的故事里、勾连着社会发展进程的家长里短中演绎的人生况味,给观众提供了面对经济与文化错位中解读文人困惑的一种方式和摹本。

如果说《宣和画院》中的李子信,面对文化被经济撕扯成碎片的社会乱象,有着太多的话要说却又理不清从哪儿说的无奈和不明白正在变化的世风而焦虑身陷人生旋涡的茫然,以及胸中难以抑制又不得不抑制的澎湃着郁闷的滚动,那么,吴广林揣摩下的李子信,始终都怀着满腹心事的忧虑神情和迟缓语调里幽幽的沧桑,无不浸淫着人情世故的潇潇之情,让我在座席里感动之余不断想起一个个戏外与之相近的花甲耳顺之人。他那种力图把自己融进市井生活的表演,把自己浸润于生活的自然流露,使其重义而厚德的文人风骨之下想"圆"又"圆"不得的迂腐、想"中庸"也"中庸"不成的尴尬,出神入化地呈现在戏剧现实里,颇有几分《茶馆》里的老掌柜王利发在人格尊严受损时,宁愿避世就死也决不苟且偷生的况味……尤其是当李子信的儿子(李享达饰)为模仿李子信的至交好友廖桂云(沈保平饰)之笔敛获不义之财,败露之后令廖桂云盛怒"挂笔"的戏剧冲突,致使李子信陷于灵魂层面对救赎与忏悔的进退维谷和不知所措的拷问中。吴广林的李子信稔熟于廖桂云一直为书写而生,甚至不惜为书写而死的生命底色,也深知廖桂云一直都想开花,想盛开,想怒放的心思。如果不是他发自角色与自我二元合一的叠加,或者说没有他对戏剧人物内心挣扎的深度揣摩和具体的心理依据作支撑,乃至于凭借他表演分寸得当的控制,作为知识分子的李子信难免陷入矫情和做作。所以,不难猜度表演者吴广林,唯有倾心于环境、语境、心境的递进、转换和冲突之中,随环境改变语境,应语境影响心境的人物关系、角色定位和谈话内容的微妙变化,方能给予李子信具体而细致的思想流动和行为举止,进而在舞台的空间转换和人物交流中,展现出走进表演佳境——淡化表演痕迹所呈现出的舞台表演艺术

● 话剧《红旗渠》剧照

的魅惑,以一种对现实社会反讽的存在,闪烁出李子信在社会挤压下智慧、知识的光芒,赋予《宣和画院》鲜活、独特的戏剧色彩。演员的角色塑造是以自我的血肉之躯和思维为对象进行自我雕塑的艺术便是最好的诠释。

在我看来,一出戏剧无论伟大的编剧写得多么精致完美,也无论天才导演的解释和处理手法多么别出心裁,都离不开优秀而智慧的演员的倾情演绎。用导演李利宏的话说,"吴广林是个戏痴"。所谓"痴",为迷其所求之像而得,迷其所求之境而悟,迷其所求之道而行,由常态进入非常态,以非常态为常态不能自拔的癫狂与痴迷也,即俗间所谓"疯子"之嫌。据英国心理学家菲利克斯·波斯特博对现代精神病理的研究,许多文艺家都患有或轻或重的艺术精神病。只是当下离纯真年代愈来愈远的中国,太多的文人艺术家经不起现实的诱惑,鲜有人在为艺术理想而"失常"地去奋斗了。和《宣和画院》中语调沉着缓慢极尽生活化的李子信不同,吴广林为了破解导演对话剧《红旗渠》在未来舞台呈现中所要求的激情如烧酒样的喷薄感,更为了琢磨与所塑造的杨贵心神合一的"这一个",他足不出户、食不知

● 话剧《红旗渠》剧照

味、睡不安榻地在家里"宅"了十多天,终日与饰演的角色相生相伴,寻找破茧化蝶的开悟和从混沌世界破壁而出的见心见性。他知道,如果没有激情就不会有好的戏剧。同样,如果没有对激情尺度分寸感恰到好处的把握——爆发与控制,既是一种能力也是一种境界——便不是一个成熟的艺术家。雕塑家是如此,音乐家是如此,美术家是如此,文学家是如此,表演艺术家也是如此。骑手的精彩之处就在于驰骋之中勒住马缰,一发千钧地挺立崖头的那种驾驭控制力。所以,杨贵一登场,吴广林就巴顿将军似的从后台走向前景,以他男子汉金属般浑厚的嗓音,由最初声嘶力竭般的高声线调整为既不失穿透力又如洪钟大吕的振聋发聩,一笔把红旗渠领军者杨贵成竹在胸的人物基调勾勒得犹如浮雕特写。毫无疑问,杨贵是一匹驰骋于太行峻岭的烈马,吴广林就是那驾驭烈马的骑手——它的奋蹄、它的昂首、它的喘息、它的疲惫、它的温顺、它的桀骜,都在吴广林的艺术塑造中有着不同程度的展现与刻画:既有"与天斗、与地斗、与人斗"的特定主题下借登高振臂、一呼百应撩拨的焰帜高照,也有肉身汉子肩扛百姓生计的使命担当;既有那种饥饿碾轧着沉重的肉身所承载的心灵孤独和被误解的谗言所凄迷的精神寂寞,也有被虽目标一致又阻逆其所为的忠诚同道者黄继昌深深感动的自责;既有那种带着对美的向往,到死也没洗上一把脸,抹上她暖在手心的胭脂美上一瞬的少女吱吱萦绕在他耳边对水的呼唤,也有那种突破意识形态禁锢,对旧式文人杨起梦(金世驯饰)在引水造渠壮举感召下的知人善用……当他匍匐在与百姓摸爬滚打的日照和星月之间,看到百姓们为支持修渠而不顾宗法礼数连夜拆除祠堂的大义微行,感动地鞠躬伴着"今天借你一条路,明天还你一条渠"的肺腑之声,那话语说得缓慢凝重如磬音,每个字都带着落地有声的铿锵,所有"权为民所执、利为民所谋、福为民所想"的感慨都包含其中。特别是"青年洞"以集体婚礼的狂欢演绎青春祭的生命挽歌之后,继红妈(许秋仙饰)吞咽下许多理应抱怨的话语和泪水,微言大义地跪谢感恩,潮水般一波一波扑面而来,令杨贵滚烫于胸的激情恨不能澎湃而出的那份恣意,被他恰到好处地把握在了呼之欲出却又不放纵为昭然若揭的分寸之间,淋漓尽致地传递出一股烈酒燃胸之味。

我甚至觉得,在杨贵和省委调查组组长(常小菱饰)单独谈话那场戏里,,先是想勒住而又有些勒不住的胶着感,接着是内心节奏与外部形体分寸咬合的层次感,孕育在胸中的激流都透过他细腻的表演,淋漓尽致地向观众传递出澎湃于心底压抑太久太多的委屈和无奈,如火山轰然爆发的过程。这个过程的爆发点,一个在动态的"抖起台布披身而卧"——他匍匐在特殊的光效里,向外既是对调查组长倾诉,向内又是做叩问似的内心独白的诉说,其形体的"卧"及大段独白的"立",就像台词是意识河流上漂动的树叶一样,生发出一种魔幻现实主义的戏剧魅力;另一个在静态的调查组长无言地递来手帕,他推让之后攥在手里掩面恸哭。一条性情汉子的刚柔两面,就这样在他表演的雕刻刀下勾画得棱角分明、惟妙惟肖。这种动态与静态的用心与用力所掀起的情感波澜,毫无障碍地打通了舞台与现实的叙述通道,拉近了演员与角色的心理界限,生发了戏剧与观众的同频共振。

值得评说的是,为了塑造杨贵可敬之下的亲近与可爱,编剧设置了杨贵与黄继昌(呼建国饰)像猛兽一样掐架相峙、像少年一样挥泪相谅的桥段。吴广林与呼建国在这个桥段的精彩而又准确的表演,把两个汉子之间的同志深情、兄弟厚谊,以相互间刚烈性格电光火石般的激情碰撞与情感雨林柔和拂掠的水乳交融,演绎得既感人泪下又情趣盎然。也正是在这个桥段，吴广林向观众彰显出了铁骨铮铮的杨贵柔情的一面。这种与软弱无关的柔情，是血性汉子重情重义的沉甸甸的柔情。这样的柔情，比那些刻意追求的催情场面更加动人。当我看到杨贵和黄继昌两人都四仰八叉地躺在那斜坡舞台上对着天空相互倾谈的时候，我隐忍着心里的抽搐发现，观众席里同样有血性的观众早已忍不住在抽泣拭泪了。很遗憾，这场对征服观众颇具感染力的重要情节被取消后，尽管杨贵借着"红""黑"笔记本倒置使用的细节一改刚愎自用的习性，吴广林在这一环节也不乏洒脱地演绎出了杨贵的机智与幽默，却终难弥补杨贵底气不足及性格层面单薄之嫌。

"英雄"这个带有较浓世俗意味的封号，通常来说除对其歌功颂德之外，多含有高山仰止的崇敬和怀念其恩泽之意，很少被用来描摹执政者。但对于如何塑造新中国成立以来社会主义建设史上堪称"创世纪"的"重新安排林县河山"而修建了"人间天河——红旗渠"的斯巴达克式的不朽英雄，不仅是对一个演员表演功力的挑战，更是对其意志的磨砺和智慧的考验。编剧视角独特地提供了为创世纪鞠躬的人走进了神话，为创世纪尽瘁的人步入了天堂的戏剧空间。导演又别出心裁地对该剧"一坛烧酒"样灼人的风格样式的诗化追求，力图打破传统生活化的表演手段，大步快走、声线高亢、动作幅度夸张，甚至不惜浓缩通常的表演过程，使戏剧的发生始终处在高涨的热情里，以期达到古希腊悲剧式庄重威严的史诗气象、英雄祭奠式格局豪迈的仪式感。对表演者来说，如何通过震撼心灵的精神洗礼般开山修渠的若干情景纪实构成的全景式壮美的戏剧图景，于宏大的中原叙事结构中，融入表演者带有史诗意味的真诚表达与讴歌，张扬"红旗渠精神"的悲壮与崇高，进而向那个时代和那个时代的英雄偶像进行追忆和致敬，都是个在表演上十分严峻与艰难的"战太行"课题。问题是，这一坛烧酒究竟是浓烈到99度合适，还是100度得当，抑或是98度最妥？是浑身发热地见好就收，还是血脉偾张地恣意发飙？欠一点，观众就不过瘾；过一点，观众也不买账。"戏痴"的他就一场一场地在收放中体会摸索，力图达到观众认可的表演境界。

有时候，人要是不逼自己一把，就根本不知道自己到底有多优秀。历经了在全国巡演近300场的不断调试、把控和巩固，几乎可以说不是他在饰演杨贵这一角色，而是杨贵这一角色主宰了他的表演。所以在第十届中国艺术节上，才有了吴广林彰显与杨贵心神相融的精神气度及心灵格局的舞台气象，以其话剧舞台上少有的霸气和感人的艺术魅力征服了在座的观众与专家。每一个人都随着剧情的跌宕起伏，同呼吸共命运地关注着舞台规定情境的戏剧发生，在一种特有的戏剧力量和艺术感染力的美学浓度里为他折服。

论助推吴广林表演艺术提升的重要因素
——以话剧《红旗渠》为个案

王凯歌

自1973年起,吴广林就与话剧结下了不解之缘。实际上,在吴广林的青少年时期,对戏曲艺术的浓厚兴趣和表演天赋就已经崭露头角,并为其后所从事的话剧事业奠定了扎实的基础。他将自己的兴趣爱好视作一生为之奋斗的事业。这种兴趣与事业的完美融合,使他所热衷的话剧表演艺术不断提升。同时,他对艺术的执着探索精神与忘我境界,也是其话剧表演渐入佳境的强大动力。他广泛深入民间生活,通过不断体验现实生活,领悟话剧艺术追求神思的本质诉求,并在舞台的虚拟环境与错综复杂的人物关系中,反复揣摩所扮演角色的性格特征,通过其娴熟的肢体表演来塑造一个个鲜活的人物形象。

一、体验与提升并重

"话剧首先是通过演员的姿态、动作、对话、独白等表演,直接作用于观众的视觉和听觉。"正是话剧的直观性要求演员创造真实可信的舞台形象。为了实现话剧

● 话剧《区委书记》剧照（饰演检察长）

的本质需求，剧作家的创作与演员的表演就要取材于生活、贴近大众，随时随地采撷生活之精华，通过各种表现技巧提升素材，进而全方位地展现在观众面前。对于话剧演员而言，丰富的生活体验是创造角色的必由之路。同时，为了能够更加真实地反映剧中扮演角色的内心，演员需要进行反复的角色体验。作为河南省话剧院的优秀演员，吴广林一直游走于生活体验与艺术提升的探索之路上。

首先，吴广林非常重视生活体验。应该说，吴广林与《红旗渠》之所以能取得观众和戏剧专家、学者的认可，不是一种偶然的现象，而是一个值得探寻的戏剧表演路径。从某种意义上说，吴广林能够将杨贵这一形象演活绝非偶然，因为这一形象就是对其真实生存环境的传神描摹，也是对其亲身经历的再现与提升。20世纪60年代，早在"引漳入林"的特殊历史时期，河南省话剧团的部分同志就到林县搜集素材——

1975年，话剧院学员班三十多人奔赴太行山体验生活，历时半年。现在叫体验生活，当时叫改造资产阶级思想。和农民同吃同住同劳动，就连劳动指标也和农民是一样的,每人每天开采3.6方石料运往山下。每天的工作就是砸石头,抬石头,推石头,搬石头,背石头,垒石头。它使我懂得了什么是忍受,什么叫奋斗。晚饭没有干粮,就是玉米面稀粥。到了夜里饿得睡不着,每天要跑几公里的山路,到女同志的住处拿点儿馍吃。工地伙食没有任何青菜,我们就经常自己挖一些山韭菜山蒜补充营养。它使我懂得了什么是饥饿,什么叫艰苦。和太行山打交道危险时时在,受伤天天有,崩山的石头随时有可能砸在你身上。有一次,我拉着架子车往山下运石料,因车速太快收不住脚,左车轮猛地撞在一块石头上,车子瞬间被掀翻,一下子掉进几丈深的山沟里。幸亏我闪得快,要不然将会是车毁人亡。现在想起来还有点后怕。它使我懂得了什么是牺牲,什么叫英雄。

太行山那段难忘岁月,为今天的话剧《红旗渠》打下了坚实的基础。

吴广林进入话剧团后,多次到红旗渠进行实地考察,了解当年修渠的真实过程。他亲眼看到了"引漳入林"工程施工中所遇到的种种艰难险阻,亲身体会到推石头、搬石头、背石头、垒石头的辛苦,目睹了修渠工人所受的饥饿灾荒、工伤甚至殒命山涧的悲剧。正是这种触目惊心的记忆与体验,才使得吴广林能够具备充沛的情感,通过瀑布般的激情表演来释放当年且至今依然记忆犹新的修渠场面。该剧导演李利宏不无感慨地说:"没有太行山那段艰苦岁月,就不会有今天的话剧《红旗渠》。"应该说,无论是《红旗渠》的编剧杨林、导演李利宏,还是重要角色的演员吴广林,都是怀着历久弥新的记忆与浓郁的情感来打造提升该剧的。

在《水上吉卜赛》一剧中,吴广林以其长在黄河边的成长经历来真实地塑造了罗四辈勤劳勇敢、豪放粗犷的个性。他在不动声色地演绎黄河滩区农民的优秀品质时,还能独具匠心地传达出小农的守旧、多疑等性格弱点。在话剧《中国人》中,为了能够准确地扮演水手王茂军,他跟随漂流队,登上橡皮艇,在暗礁遍布、水流湍急的险滩中出生入死,搏击激流。为了能够使其所扮演的角色获得更加真实的效果,他亲自体验此时此地的场景。这些都为其舞台的演绎与提炼打下了坚实的基础。应该说,如果没有艺人身临其境的生活体验,就不能演绎出惊心动魄的艺术场面,更难以捕捉到角色深陷困境时的焦灼内心。只有具备真实的生活体验,才能塑造出栩栩如生的人物形象。

其次,他尤为关注角色体验。为了能够将杨贵的形象演绎得更为真实,河南省

● 话剧《红旗渠》剧照

　　话剧院带领剧组人员专程拜访退休后居住在北京的杨贵本人，吴广林也有了能够与现实中的杨贵促膝而谈的机会。在更为直观地接触到杨贵本人时，吴广林依稀看到了他当年改变林县山河的气魄与雄姿。"在三个多小时的谈话中，杨老不仅充分肯定了吴广林的表演，还深情回忆了当年的情景，同时对剧情的一些细节，包括个别台词的进一步推敲，提出了自己的意见和建议。"这种演员与人物原型之间的零距离接触，也使得吴广林能够更加真切地体验到剧中角色的魄力与气质。

　　角色体验还是一种意识体验。这是一种虚拟的体验，在对剧本真实原型人物认识的基础上进行演绎的同时，表演者要将导演所赋予的当代意识与思想境界转移到角色上，这就需要演员通过想象来产生虚拟的意识体验。为了能够更好地塑造杨贵这一典型人物形象，吴广林在接到剧本后闭关十余日，反复体会杨贵的角色情感。"终日与饰演的角色相生相伴，寻找破茧化蝶的开悟及从混沌世界破壁而出的见心见性。"可以说，正是对杨贵内心世界的反复体验，吴广林才能更加准确地体会到杨贵坚定不移的修渠决心，更加传神地表达杨贵对广大民众的深情厚

● 话剧《红旗渠》剧照

爱,甚至富有弹性地展现杨贵性格的某些瑕疵,进而才能够将情系民众、为民办事的廉洁干部塑造得更好。杨贵顶着上级查封与同僚反对的双重压力,置政治生命与个体性命于不顾,在异常危险与困苦饥饿的恶劣环境下,拼尽全力保障"引漳入林"工程顺利进行。在目睹吱吱的惨死与青年洞悲壮的集体婚礼后,杨贵体恤民众的爱民之心与爱民却害民的残酷现实形成尖锐对峙。吴广林入木三分地将杨贵的坚定信念与责任担当意识刻画得惟妙惟肖,同时他还不动声色地演绎着杨贵悲壮的英雄行为,为杨贵塑造了一尊不朽的雕像。可以说,杨贵使红旗渠永垂不朽,而吴广林则把这位退居幕后的老英雄再次推到了全国观众面前。

表演艺术讲究传承性与连贯性。经过对清官、官民关系、官员内心世界的深层探讨与多次反复的表演,吴广林能够将正面领导角色演绎得淋漓尽致,颇接地气。从吴广林所扮演的角色来看,他饰演过较多正面人物尤其是勤政爱民的清官形象。如他在《红旗渠》中扮演林县县委书记杨贵,在《公仆》中饰演兰考县委书记焦裕禄,在《区委书记》中饰演检察长等。经过对正义干部的性格与心理的反复揣摩与多次训练后,吴广林自身培植了正直干部的外在气度与内在修养,加之吴广林本人剑眉星目、仪表非凡、温文尔雅,有着光明磊落、两袖清风的形象特征,应该说,他具备扮演原型人物之正面形象的外在气质。从直观上来说,吴广林自身具备的优越外在形象与他对正面干部性格的反复体验使得他在饰演杨贵、焦裕禄等形象时能够做到游刃有余、形神兼备,成功塑造出政治思想与艺术品位兼备的经典形象。他靠着自身绝佳的饰演能力与独特见解来重塑经典,赋予这些在艰苦条件下与恶劣环境中成长起来的干部以忠诚廉洁、经得起考验的时代精神,并给予当代人文精神与思维模式下的观照,不断吸引观众对主旋律艺术与主流意识形态的关注。

二、借鉴与创新并举

在同一艺术门类下,吴广林从广度与深度着手,不断尝试着各行各色人物形象的饰演。在他酷爱的话剧事业里,他像一头日夜兼程的老牛,在反复咀嚼着所要饰演角色的神态气息。就广度而言,他不断尝试饰演不同类型的人物形象,先是在小戏《雷雨之前》饰演小韩,还尝试扮演了英国话剧《捕鼠器》中的夏洛克。无论是饰演的话剧《幸福果》,还是第一次参加省级比赛的《水上吉卜赛》,无论是对都市小青年内心情感的准确把握,还是对黄河滩上农民罗四辈的生活状态和他粗犷豪放却狭隘自私的复杂性格的深度解析,吴广林都在表演的天地里进行着量变与质变的艰难实验,期待着借鉴与创新的瞬间质变。如果说黄河滩边罗四辈的经典形象得益于吴广林早年的生长环境,那么《中国人》中王茂军的艺术形象则来源于他日复一日反复训练后的表演升华。在话剧注重生活真实与艺术真实的双重要求下,吴广林反复琢磨剧本,揣摩剧中角色王茂军在击水搏浪时的内心世界。无论是对黄河滩区的农耕文明与现代文明对峙所产生的激烈碰撞,还是对中原儿女王茂军身上所呈现的爱国精神与大无畏精神的褒扬,均显示出吴广林对不同环境的强力适应与对不同人物性格把握的准确性。

在《宣和画院》中,吴广林的表演艺术已经进入一个新的时期。他所扮演的知识分子、书画家李子信置身于文化被经济裹挟的旋涡中,内心有着太多的无奈与焦虑,他诉说着人情世故与人心不古的沧桑,有着厚德重义的儒雅,也浸染着圆滑局促的迂腐尴尬。经过李子信之子模仿好友廖桂云墨宝而敛收不义之财之事后,李子信彻底陷入文化艺术被金钱利欲摧残的困惑。吴广林通过反复体会角色,挖掘角色内心,与角色建立了同命运共呼吸的亲密关系。应该说,李子信是吴广林创造经典人物的新跨越。

同时,吴广林天生的外在气质,使得他更适合扮演正面角色。无论是《公仆》中的焦裕禄,还是《红旗渠》中的杨贵,吴广林成功地塑造了两位典型的县委书记的形象。他在《太行山人》中饰演了为民谋福利的镇党委书记吴金印,在《区委书记》中饰演了共产党的基层检察干部检察长。应该说,吴广林饰演的焦裕禄、吴金印和检察长,对正面形象尤其是廉洁干部一心为民做事的内心刻画尤为深刻真实,这均为杨贵形象的闪亮登场做好了铺垫。或者说,在扮演新时代的公仆剧中,吴广林开创了属于自己的风格,找到了最能发挥个人潜质的表演天地,并用其卓越的表演才能演绎了共和国成立后一批效忠国家与民众的忠诚干部的感人故事。在这一领域,吴广林由点到面、由浅入深,不断进行阶梯式的新尝试,试图在人物塑造与性格特征等各方面实现新的突破。如果说编剧、导演通过创作编导艺术作品将观众的视野引入特定历史状态下关注当时的官民关系,那么吴广林则是将现实生活中的公仆往深处挖掘,试图抓住公仆所具有的普通人的思想气质,寻找官员内心世界的真实症结,反映其一心为民的渴望与现实环境的对立。他不是塑造人物的伟大,而是在平凡甚至还带有某些瑕疵的性格中展现公仆的内心。没有高调的话语,只有朴实真切的行动与话语,这才是表演艺术家才能之呈现。吴广林所饰演的干部虽然雷厉风行甚至有些粗野和武断,但是他这种原生态的刻画,更加真实地还原了人的本质形态。吴广林所饰演的不再是一个县委书记,而是一个有着强烈情感的中年男子。如杨贵在内心有着巨大委屈时,竟然以男人的身份与同僚黄继昌单打独斗——

(将手绢蒙在脸上)继昌你不知道啊,我能哭出来也不容易啊。你有委屈可以找人诉说,我不能;你有苦恼,可以随处发泄,而我也不能,为啥呢?因为我是个县委书记,是一个县的领头人,是百姓的主心骨。遇困难,我得顶着;有委屈,我得受着;吃了苦,我得乐着;想流泪,我得忍着;见下属,我得端着;对百姓,我得笑着;有人

● 话剧《红旗渠》剧照

骂,我得听着;有人告,我得领着担着。继昌,你品尝过如履薄冰的滋味儿吗?

　　吴广林通过合情合理的宣泄,将县委书记还原到正常的个体:情绪激动时感性超越理性,以常人的意识与情感来处理人与人的关系,而他的理性思维更多体现在执政能力上。常言道,人非圣贤,孰能无过?正是吴广林煞费心机的表演,才真正还原了公仆首先是有着复杂情感的人而非机器的事实。这不仅是吴广林技艺上的提升,也是在表演实践中所获得的大彻大悟。

　　在不同艺术门类下,吴广林能胜任传统戏曲与话剧、电影等艺术样式的饰演。他触类旁通,尝试古典戏曲、话剧、影视、诗歌朗诵等一系列看似相通又差异颇大的艺术样式,从这些相近的艺术样式中采撷话剧所需的营养成分,在借鉴其他艺术样式的基础上不断扩充、创新话剧的表演技能。故此,他能够将传统戏曲的写意、话剧的求似、电影的求真等特征掌握在胸,运用自如。在《红旗渠》一剧中,吴广林每时每刻不停变换的眼神与夸张的表情才能独到地传达出杨贵的内心世界,而在杨贵出场之初,他就以巴顿将军似的潇洒身姿从后台走向观众。这种写意的手法将杨贵胸有成竹、气吞山河、改造天地的气概刻画出来。

或许,会有人嘀咕,说我杨贵又犯了胆大不要命的毛病,说我想出风头,想当英雄,想利用"引漳入林"工程为自己树红旗、捞政绩。你说对了!古往今来,任何一个有血性的男人,谁不渴望建功立业呀?谁不渴望被历史牢记呀?谁不渴望成为人民的英雄啊?!

杨贵毫不回避英雄建功立业的决心,他用近乎反诘与扪心自问的语气来诠释着修渠的个人原因,加之如此伟岸坚毅的身姿与斩钉截铁、洪钟大吕般的声音,使得杨贵说一不二的倔强独断个性也凸显出来。与传统戏曲所不同的是,无论是遇到多么棘手的问题,甚至陷入内外交困的绝境之中,杨贵在剧中没有矫揉造作的情感流露,有的是话剧与电影所提倡的酣畅淋漓。他的感情如飞天瀑布,直接倾注给身边的同僚与上级官员,以及台下为之揪心的观众。面对省里派来调查此事的领导,他没有求情套近乎为自己开脱,更没有服软行贿,而是像对待同僚一样直言不讳。甚至想到修渠所面临的种种问题和民众的热情,尤其是自己的艰难处境时,心劳力竭的杨贵再也抑制不住内心的委屈与无奈,如连珠炮似的向上级领导进行倾诉。这种大段直抒胸臆的情感对白,恰到好处地发挥了话剧所擅长的对话方式。在杨贵与黄继昌产生误解时,杨贵将县委书记的身份退后,流露出人性最真实的一面,与黄继昌扭作一团互相殴打。这种超越传统戏曲写意而采取的真实殴打,使得吴广林所饰演的杨贵显得更加真实可爱。

在不断扮演话剧、戏曲、电影角色的同时,吴广林还尤为擅长诗歌朗诵。他那抑扬顿挫、高亢激昂的声音能产生一种富有煽动性的感染力和穿透力,传达了承载着浓厚感情与精神期盼的情愫,将沉睡在历史时空的太行公仆吴金印、人民的好干部焦裕禄、林县县委书记杨贵等经典形象定格在当下话剧舞台,将"焦裕禄精神""红旗渠精神""太行公仆"等凝聚成新时代鼓舞民众共圆中国梦的不竭动力。

在同一艺术门类下,吴广林经过不断摸索与反复演练总结出了表演共性。或者说,在同一个话剧天地里,他经过对其扮演的不同性格、不同职业、不同地位角色的反复琢磨,在不同剧目、不同角色的扮演中去探求表演艺术的共性,培养扎实深厚的表演功底,实现他山之石可以攻玉的创作目标。这种不同艺术门类与同一艺术门类下经过反复训练与苦心探索得来的真知灼见,其实就是艺术表演的创新。书山有路勤为径,攀登艺术高峰的表演艺术家也一样功在不舍。吴广林就是经过多年磨一剑的努力,不断在借鉴中升华。这就是吴广林平凡却不平常的艺术之路。

三、情感与寄托相辅

　　吴广林在塑造杨贵的形象时,不仅通过外在的肢体语言来强化戏剧冲突,还不断挖掘杨贵的复杂心理。面对被太行山阻遏的贫困与饥荒,杨贵下定决心重新安排林县山河。从外在形式上,杨贵与副县长对"引漳入林"工程有着认识上的巨大差异,而且在林县政府同意修渠后,还存在民众修渠的迫切心理与修渠过程中所付出的性命代价的尖锐对峙,这都是一县父母官杨贵无法回避的问题。乡亲为了修渠在过节时自愿拆除祖祖辈辈供奉的祠堂,杨贵充满感激地躲在一旁观看;吱吱从未洗过脸而对水充满渴望,洗脸抹胭脂成为她短暂生命中最大的遗憾,而吱吱的突然殒命使在场所有人闻讯落泪;在修渠热火朝天之时,省里专门成立调查组来审理或者说问责杨贵。……修渠的强烈意愿与危险伤亡的悲剧并存,是杨贵无法回避也无力解决的难题。他只能咽下苦水,吞下个别同志的埋怨。青年洞的巨大悲剧使杨贵怒不可遏,发出了对苍天的埋怨:"太行山,你真狠啊!你一下就夺取了我二十几条人命啊!你还我!你还我金锤、银锤!你还我铜锤、铁锤!你还我继红、凤兰!"此时,杨贵陷入了内外交加的困境之中。面对以张光明为首的省委调查组,杨贵没有阿谀奉承,而是在讲明事实原委与自我苦衷却依然遭到误解时道出了自身的巨大委屈:"我没疯!我没疯!我就像一头牛,拉着满满的一车东西,爬到半坡上,肚饥了,没料吃;拉不动了,没人帮我。向上爬,是筋疲力尽;往下退,要车毁人亡!这个时候,谁要是能真给我一枪,我就彻底解脱啦!"他犹如一只跌入井底的青蛙,再也没有能力爬上来。为民办事却遭到质疑,还要经受住饥饿、灾荒、生死的各种考验,杨贵的内心是何等焦灼。吴广林犹如庖丁解牛,一步步揭开杨贵的内心,顺着杨贵内心涌动的情感暗流,来揭示其遭到误解而身心交瘁的疲惫与毫不动摇、一心为民的坚定意志。编剧杨林看到吴广林饰演的杨贵时,忍不住激动地说:"这就是我心目中的红旗渠,这就是我心目中的杨贵!"

该剧寄托了广大民众与杨贵所饰演的人物角色的政治理想,也建构了官员之间毫无隔阂的和谐关系。中国历经千年帝制,官本位思想根深蒂固,部分官员不是利欲熏心就是假公济私,借着政见不合来排斥异己、扶植党羽。而在以杨贵为代表的林县领导班子中,是官民情深、戮力同心的和谐场面。在"引漳入林"问题上,唯一唱反调的就是副县长黄继昌,然而他反对的也只是经过亲自调查后对修渠中出现的种种问题与施工方案的反思,并非针对杨贵本人。"我反对是他草率行事,并不等于我反对他为人民做好事!"相反,随着误解的消除,这两位父母官还产生了英雄最懂英雄的惺惺相惜。杨贵以光明磊落、刚正不阿、铁面无私、为民办事的形象,赢得了民众与同僚的信服。正是林县政府、林县人民团结一致,全县民众拧成一股绳,才出色地赢得了人与大自然的较量,最终打破了造物主的缺憾架构,实现了人定胜天的宏愿。在政府中,下级官员不仅拥护杨贵的决策,而且包容了他颇有瑕疵的性格。面对杨贵"这是命令,死命令!"的刚愎古板性格和并不顺耳的言辞,同僚因为对他的果断个性与处事风格非常熟悉,也会尽可能尊重他服从他。虽然在修渠过程中出现了种种问题甚至伤亡,但是由于对同僚与民众对杨贵的深厚情感,他们理解这个一心为民、刀子嘴豆腐心的父母官,因此不仅没有引起民众与同僚的反感,反而得到他们的爱戴。这不仅是民众对父母官的包容,也是对杨贵从政能力的认可,传达了广大民众对他的挚爱之情。该剧传达了根植于中华民族血脉中的民本意识,反映了上千年来民众对廉政有为、明镜高悬的政治期待,彰显了理想化干部身上所呈现的自强不息、改天换地的大无畏精神。

吴广林也成功地勾画了深厚的官民鱼水之情。他所饰演的杨贵为了尊重民意,尊重良心,执意要修渠:"有人说我是三国姜维,胆大如鸡卵。今天我就告诉大家,'引漳入林'有一成把握我都要干。我知道,老黄,你是在担心'引漳入林',万一半途而废,我杨贵落一个身败名裂,遗臭万年。"杨贵冒着乌纱不保、遗臭万年的危险和罪名,私自动用国库粮仓来修渠。然而,修渠的决心远远不能扭转悬崖峭壁上所面临的生死考验。吱吱曾经无数次幻想:"漳河水,你啥时候才能流过来呀!"面对吱吱对水的深情呼唤,杨贵尊重民意下定决心修渠,可是吱吱在往返于危险的工地之间为民工挖野菜时发生意外,再也没有看到渠水的到来。青年突击队的小伙子与姑娘们为了表达修渠的决心,在山洞举办婚礼,突然的塌方吞噬掉几十名鲜活的生命。面对如此重大的灾难，同样无比悲痛的杨贵给群众下跪，而深明大义的遇难家属李继红之母却在悲恸中清醒地道出："你是汲县人，来俺林县修渠为了谁？……要跪该不着你跪，该俺林县人给你跪呀！"这种敢于担当的责任意识与民众对父母官的真诚理解，形成一股官民一家亲的暖流，让人感动、羡慕、憧憬、赞叹。甚至在当时全国范围内出现"文化大革命"的历史背景下，杨贵却能记得旧知识分子杨起梦，并且大胆重用，让他为红旗渠写革命标语。在杨贵影响下，官员成为真正为民办事的公仆，知识分子受到了应有的尊重，民众受到最大力度的关爱。

同时，该剧还反映了中国所处的特殊时代所呈现出难得的扎根群众、改造现实的罕见正能量，是对民族生存欲望与民众改造意识的彰显，是对先进思想与客观环境出现对峙的理想化聚焦。"人至少要在有可能与自然对峙的时候，才会酿造美。在这种对峙中，有时人明确无误地战胜了自然，产生了一种松快愉悦的美；有时人与自然较量得十分吃力，两相憋劲，势均力敌，那就会产生峻厉庄严、扣人心弦的悲剧美。由于后一种美衬托了人类严峻的生存状态，考验了人类终极性的生命力，因此显得格外动人心魄。"红旗渠修建于1959年至1969年，中国正在经历"大跃进"与"文化大革命"。且不说修渠的艰难与巨大风险，其产生的特殊时间就注定了如此浩大的惠民工程足以成为时代的荣耀。应该说，红旗渠具有动人心魄的凄美、壮美，也唱出一曲众志成城的集体主义赞歌。在"引漳入林"工程之初，杨贵首先遭到了同僚黄继昌的坚决反对，然而，他却坚定重新安排林县山河的信念，并发出了呐喊："太行山，你听到了吗？从现在起，我们的较量就开始了！"工程开工后，他还被人告到省里，遭人指斥为"面子工程"。张光明对杨贵调查时，杨贵像受到攻讦的英雄一样委屈，还执意要坚持自己的方针："看着他们一个个啃着树皮，吃着水草，去砸石头、抬石头、推石头、搬石头、背石头、垒石头，我这儿疼！借这三万斤粮食，我就一个念头，冒个杀头的险，让跟着我修渠的民工吃顿饱饭，哪怕就吃一顿，我死无愧疚！"杨贵顶住省里调查组明察暗访的巨大压力，理解民众对水的迫切需求，秉持父母官的良心，坚持为民办事，是民本与民生的具体体现。在经历不时出现的受伤、死亡面前，杨贵不顾国家出台的"百日休整"重要指示，在上级领导与同僚的反对诘问中，坚持带领大家日夜修渠、劈山引水。可以说，该项工程历时十年，消耗了民众大量心血汗水，甚至流淌着孤儿吱吱与青年洞牺牲的各位青年男女的鲜血,这体现了人类对大自然的挑战与超越,展示了林县人民迎难而上、不怕牺牲的大无畏精神,也展现了中华民族追求新生活的勇气与强大动力。红旗渠流淌着杨贵与林县人民的心血汗水,体现了中原民众的精神面貌与生命张力,是中原文化的伟大结晶,是"大跃进"与"文化大革命"中较能体现民众愿望的惠民工程。

  吴广林对杨贵的人品与从政能力均加以认可,充满敬慕,他将杨贵视为太行山脚下的一尊英雄雕像,也是带着对英雄的仰慕之情投入舞台创造的。"话剧《红旗渠》创作立项之初,省话就明确提出,要用'红旗渠精神'来打造《红旗渠》,克服一切困难将此剧搬上舞台。"用"红旗渠精神"来打造《红旗渠》,就注定了该剧未来的辉煌,也助推了吴广林艺术生命的绽放,他将杨贵身上的责任担当、无私无畏、勇敢坚毅等个性演绎得淋漓尽致。该剧寄托了艺术家试图重塑经典、播撒先进思想的激情,是对红旗渠及"红旗渠精神"的含泪褒扬。时代呼唤坚韧不拔的"红旗渠精神",置身于市场经济洪流中的观众更需要正能量对心灵的陶冶,而吴广林出色地完成了艺术家传递正能量的时代任务,也实现了艺人到艺术家的升华。

为话剧而生
——记我省著名话剧表演艺术家吴广林

大 军 三 歌

2013年10月26日,美丽如画的海滨城市青岛。

青岛大剧院门前彩旗飘扬、彩灯高悬,由文化部主办的第十届中国艺术节在这里举行盛大的闭幕暨颁奖仪式。

中国艺术节堪称我国最高规格、最具影响力的国家级艺术盛事,其中仅舞台艺术一项,就集中了全国新近创作的最具竞争力的优秀剧目和优秀人才参与文华大奖的角逐。一直以来,各省文化主管部门,乃至省委、省政府都十分重视此项活动,把本省创作剧目能否跻身中国艺术节作为一项重点工程,作为全省艺术事业是否发展、艺术创作水平是否提高的一项重要依据。而在戏剧界,各个专业艺术表演团体的演职员们更是殚精竭虑,拼搏奋战,甚至付出剧院几代人的努力,梦想站在中国艺术节的舞台上一展风采。这次,经过严格挑选,我省派出两台剧目,省话剧院创作排演的大型话剧《红旗渠》名列其中,向本届文华大奖发起冲击。

随着获奖名单的揭晓,《红旗渠》名列话剧、儿童剧类第一名,荣获文华大奖,在剧中饰演主人公杨贵的我省著名话剧演员吴广林荣获优秀表演奖。此刻,颁奖

● 电视连续剧《粟裕大将》剧照（饰演张灵甫）

现场鼓乐齐鸣，掌声雷动。

　　此时，千里之外的郑州，两天前才急匆匆从青岛返回的吴广林，不顾长途奔波、连续演出的疲劳，正在家中背词，因为他要在即将举行的一场重要的诗歌朗诵会上领衔表演。这位从1973年考入河南省话剧团学习表演，40年来一直坚守在话剧舞台上，演出过几十部的话剧、影视剧，塑造了许多栩栩如生的人物形象，已获得多种艺术奖项的话剧表演艺术家，仍然像往常一样，平静淡泊，排戏演戏……

从小喜表演，磨炼见真功

　　1956年，吴广林出生在古城开封。
　　生长在开封这个历史悠久、文化积淀深厚的城市里，吴广林从小就喜欢艺术，显现出超乎常人的表演天赋。20世纪60年代末，当一个又一个运动接踵而来，学校正常的教学秩序被打乱时，刚上初中的吴广林虽不能按部就班地读书，却从戏

● 电视剧《警察姚次会》剧照（饰演姚次会）

剧表演中找到了乐趣。那时，革命样板戏盛行，各行各业掀起学演样板戏的高潮，学校也不例外。吴广林所在的班级排演《红灯记》中的第五场"赴宴斗鸠山"，结果，形象英俊、嗓音洪亮、身材高挑的他理所当然被选中饰演李玉和。那时没有导演说戏，他们几个同学就一场一场看电影，听广播，跟着学身段、学京白、学唱腔，自排自演。吴广林天生一副洪亮高亢的好嗓子，大段大段的唱段根本不在话下，加上扮相端庄，远远望去，竟与当时红遍全国的京剧名角神形兼似，一亮相就赢来"碰头彩"。没承想，这出戏先在学校里获奖，被推选参加市里汇演，然后又获奖，紧接着被安排在全市工厂、部队、农村巡演，不仅使学校出了名，也让吴广林一炮走红。

这出戏从初中演到高中，成了吴广林的"保留剧目"。不管当时是什么社会背景，但李玉和的英雄形象却在他心中扎下了根。也许从那时起，他就有了斩不断、挥不去的英雄情结，所以他后来在舞台上大多饰演一些意志坚定、一身正气的正面角色。

1973年，吴广林高中即将毕业，正逢省话剧团在省内招收学员，开封设有考

● 电视剧《神秘的黄玫瑰》剧照（饰演赵刚）

点,老师就鼓励他去报考。瞒着家人,吴广林走进考场,经过近乎苛刻的初试、复试、三试,一路过关斩将,最后在近 6000 名考生中脱颖而出,与来自全省各地的 30 名同学一起,迈进了河南省话剧团的大门。

　　河南省话剧团成立于 1952 年,有着辉煌的历史和丰厚的积淀,涌现出陈裕德、庞建民、苏政等一批广有影响的话剧表演艺术家。其排演的话剧《不能走那条路》,1956 年参加全国第一届话剧汇演,获演出一等奖;根据李準《瘦马记》改编的话剧《龙马精神》,1964 年被中宣部调往北京演出,获得极大成功,演职人员受到周恩来、朱德、董必武、陈毅、罗瑞卿等老一代党和国家领导人的亲切接见,并参加建国十五周年国庆文艺彩车游行;1965 年,该剧被北京电影制片厂拍摄成同名故事片。在这里,吴广林进行了系统正规的学习。如今仍活跃在我省戏剧舞台上的著名导演李利宏,著名演员伍保国、呼建国、于同云、沈保平、高顺义、许秋仙等成了他的同窗学友。

　　每天清晨 6 点,剧团里还是一片寂静,吴广林已走进练功房,扳腰踢腿练形

● 电视连续剧《颍河故事》剧照（饰演王连升）

体；早饭后，到钢琴房里练声；然后就是上台词、表演课；晚上仍然是形体训练。在老师的指导下，吴广林知道了布莱希特、斯坦尼，接触到现实主义创作手法。他用戏剧知识充实着自己，沉浸其中，如醉如痴。

寒去暑来，三年后，吴广林登上舞台，在小戏《雷雨之前》中饰演小韩，随后不断在一些剧目中饰演大小角色。直到 70 年代末，剧团排演英国话剧《捕鼠器》，他迎来了扮演"男一号"的机会。可惜的是，这部戏几经周折，最后未获准公演，致使喜爱话剧的观众至今也无缘欣赏由吴广林诠释的"夏洛克警官"。

正是在这样日积月累的磨炼中，吴广林的表演水平逐渐提高，为他今后的演艺生涯打下了坚实的基础。

坚守数十载，硕果满枝头

1988年初秋，河南省第二届戏剧大赛决赛在郑州拉开帷幕，省话剧团以话剧《水上吉卜赛》参赛，吴广林饰演青年渔民罗四辈。这是他第一次参加省级重大赛事。

故事在罗四辈和三三之间展开。罗四辈黄河岸边土生土长，从小养成粗犷豪放的性格，天不怕地不服，骨子里却自私狭隘，生怕有见识有文化、向往美好生活的三三离他而去。他一面对三三倍加呵护，一面又对她百般猜疑，最后竟因无端猜忌行凶杀人犯下死罪，而三三也在万念俱灰下弃世而去。这是一出悲剧，形象再现了黄河滩上一群游民独特的生活状态，折射出在新的历史条件下人们对现代文明的追求和对美好生活的向往。

表演中，吴广林把握准确，质朴自然，将既淳朴善良又愚昧狭隘的罗四辈刻画得真实可信、入木三分，受到了评委专家和观众们的好评。该剧荣获大赛剧目银奖（未设金奖），他个人荣获表演奖。

实际上，早在80年代初期，由于成功塑造了话剧《中国人》中的主角王茂军的艺术形象，吴广林就已经进入了人们的视野。《中国人》是以我省洛阳黄河、长江漂流队为原型而创作的，再现了中原青年崇高的爱国精神和敢为人先的大无畏壮举。

为了塑造人物，吴广林跟随漂流队一道出发，同吃同住，与队员们近距离接触，真切感受他们的喜怒哀乐，并登上橡皮艇，亲身体验风高浪大、水流湍急的危急险恶。于是，从重庆至万县100余公里的长江水面上，从此留下了吴广林击水搏浪的矫健身影。殊不知在一泻东去的水面下，漩涡迭起，礁石遍布，暗流涌动，稍有不慎，就会付出生命的代价。

《中国人》在郑州、洛阳进行了巡演，引起强烈反响，吴广林塑造的漂流队队长王茂军成了一代热血青年心目中的偶像。

1990年，在河南省第三届戏剧大赛上，吴广林主演话剧《公仆》。《公仆》采用多场次、散文式的结构，截取了焦裕禄同志生前工作生活的闪光片段，塑造了"县委书记的榜样——焦裕禄"的光辉形象。吴广林的表演注重从生活出发，紧扣人物性格特征,使人物朴实无华,血肉丰满,可亲可敬,又一次摘取了表演奖。

随后,吴广林乘势而进,先后在《区委书记》中饰检察长,《太行山人》中饰吴金印,《宣和画院》中饰李子信,塑造出一系列栩栩如生的舞台艺术形象,表演水平日渐精进,产生了质的飞跃。

与此同时,吴广林在数十部影视剧中饰演主要或重要角色,在电影《冤家》《村官》《钟繇》《大决战》《大风歌》《大钟歌》《阮氏三雄》,电视剧《难忘岁月——红旗渠故事》《颍河故事》《粟裕大将》《乱世妖后》《警察姚次会》《神秘的黄玫瑰》《曹操》《风雨南庄》《阿丕书记》等剧中均有上乘表演,为宣传河南话剧,提升河南话剧演员的社会影响力起到了不可估量的积极作用。

倾注一腔血,舞台塑英雄

毋庸讳言,话剧《红旗渠》中杨贵形象的成功塑造,不仅倾注了吴广林的全部心血,同时也是他40年艺术功力的一次集中迸发。

在长达数年的创作排练中,吴广林一次次通读剧本,一遍遍揣摩人物,不仅品味着杨贵的音容笑貌,而且理解了杨贵的理想追求,对红旗渠精神的丰富内涵也有了深刻的认识。他与伙伴们一起,顶高温、冒酷暑,一丝不苟,挥汗如雨,奋战在排练场上,因为他深知自己所扮演角色的分量。

2011年6月,话剧《红旗渠》在郑州"香玉大舞台"首次与观众见面,立即引起巨大反响。该剧以史诗般的品格、雕塑般的手法、恢宏的气势、震撼的情节、精湛的表演艺术地再现了当年林县人民修建红旗渠的艰难历程,成功塑造了以杨贵为代表的时代英雄群像。在随后的河南省第十二届戏剧大赛中,《红旗渠》荣获河南省文华大奖,吴广林荣获文华优秀表演奖。

2011年7月,时任河南省委书记卢展工在省人民会堂观看了《红旗渠》演出,他高兴地走上舞台,将手中的鲜花送到饰演杨贵的吴广林手里,并即席发表了热情洋溢的讲话,盛赞《红旗渠》弘扬了红旗渠精神的核心——为民、奋斗!

为了进一步修改完善、加工提高,将《红旗渠》打造成精品,2012年2月4日,省话剧院院长赵新宝、书记李利宏率剧组主创人员专程赴京征求意见。在北京杨

● 电影《村官》剧照(饰演李天成)

贵家中,85岁高龄的杨贵老先生紧紧握住吴广林的手,亲切地问道:"你在剧中饰演我,你个子多高?"吴广林答:"一米八四。"杨老风趣地说:"和我差不多,修渠时我一米八五,现在一米八一,缩了。"一席话引来满屋笑声。

在三个多小时的谈话中,杨老不仅充分肯定了吴广林的表演,还回忆了当年的情景,同时对剧情的一些细节,包括个别台词的进一步推敲,提出了自己的意见和建议。

通过与剧中原型杨贵的近距离接触,吴广林的表演更加贴近生活、贴近人物,更加沉稳准确。他的精湛表演,一次次使观众流下热泪,一次次博得全场掌声。

在江西演出,一位老者颤巍巍地走进后台,要求见一见杨贵的扮演者,并请求签名留念。直至演职员乘坐的大巴车走远,灯光下,老人还在挥手相送……

在鹤壁演出,看到感人处,一位观众激动地高喊口号:"林县人民万岁!"不久,这一幕又在中国艺术节的舞台上重现:青岛观众谢先生情不自禁地高呼"红旗渠万岁!林县人民万岁!"当天晚上,这位谢先生几经周折,终于打听到赵新宝院长的电话号码,立即打过来,说是非要见"杨贵"不可,还特地连夜制作了两面锦旗,一面上书"红旗渠万岁!林县人民万岁!"另一面写着"历史丰碑红旗渠,中华儿女河南人"。当见到吴广林时,五尺多高的汉子竟激动得热泪盈眶……

在河南大学演出,当代大学生被剧情深深感动,恰好吴广林的儿子正在河南大学艺术系读书,"借老爸的光",他一夜间成了学校的名人,同学们都知道他是"杨贵"的儿子。他给爸爸打来电话:"老爸演戏我火了……"

在上海参加第十四届中国上海国际艺术节,演出大获成功,兴奋的吴广林难以入睡,心中萌发要找人聊一聊的强烈愿望,走出房门,迎面正碰上剧中清末秀才杨起梦的扮演者、老艺术家金世驯,一问,他们想到一块儿了。于是,两代话剧人不顾连续走台演出的疲劳,挑灯畅谈,谈剧情、谈表演、谈未来,直至天明。

2013年10月20日,青岛天创大剧院。作为第十届中国艺术节的参演剧目,话剧《红旗渠》要在这里接受专家评委和广大观众的检验。

19时30分,随着音乐渐起,大幕拉开,由吴广林饰演的剧中主人公林县县委书记杨贵开场就是一段长达700多字的独白:"今天是1959年10月29日……"声音浑厚、铿锵有力,尤其是他最后甩掉大衣,振聋发聩地喊出:"太行山,你听到了吗?从现在起,我们的较量开始了!"场内立刻爆发出长时间的热烈掌声。

对河南话剧来说,这无疑是一场创造历史、实现梦想、铸造辉煌的演出。

也就是这场演出,使《红旗渠》成功登顶,一举荣获文华大奖,主演吴广林荣获优秀表演奖,实现了河南话剧的历史性突破,让中国话剧界对河南刮目相看。

采访中,吴广林真诚地说:"我1973年进团,不论话剧如何低迷,如何没有市场,我就是舍不得离开。在舞台上演戏,对我来说,就像一个喝酒的男人,晕晕乎乎,那种感觉让人上瘾。我喜欢演戏,虽然我拍了不少影视剧,但真正吸引我的还是话剧,也许我的命就是为话剧而生的。41年的心血,41年的积淀,《红旗渠》终于登上中国最辉煌的舞台!"

这是一种坚守,这是一种信念,这就是坚守与信念的力量!

在坚守与探索中创造辉煌
——简评吴广林话剧表演艺术的足迹与发展趋向

杨守林

今天,河南省文化厅在这美丽的新东区,隆重召开"吴广林话剧表演艺术研讨会",这是一件非常有意义的事。过去,我们开过很多剧本研讨会、剧目创作研讨会,而很少开表演艺术研讨会。其实,剧本的生命在于舞台,演员的表演正是赋予它生命所在的主体。表演艺术的发展,不仅牵动着剧本创作、剧目建设,而且牵动着舞台功能的变革和一个剧团、一个区域戏剧艺术风格的确立。因此,这个研讨会不仅仅是对艺术名家的推荐,也直接关系到河南戏剧艺术的整体发展和建设。

广林,现在已经是一位在话剧界成绩斐然的表演艺术家了。然而,每每提起他,在我眼前浮现的不单单是他一个人,而是涌动出了李利宏、于同云、呼建国、沈保平、伍保国、王健、贾刚、姜守志、许秋仙、高顺义、张乃燕、魏德华、黄桂兰等一批人。他们是1973年"以团代校"考入河南省话剧团的学员。众所周知,在那个动乱的年代里,他们没有机会进入高等艺术院校去深造,也不可能接受正规的艺术教育。尽管剧团对他们非常重视,派了许多老演员、老艺术家和从中戏、上戏、北电毕业分配来的青年导演、演员担任他们的老师,开了台词课、声乐课、形体课、表演

● 电影《大钟歌》剧照（饰演白洪亮）

课，排了小品、独幕戏，但是，忽而是风，忽而是雨的运动却不时地打断他们的教学，迫使他们去接受所谓的路线斗争和对文艺黑线的批判。那时，这帮年轻人学习苦，心里也苦，他们怀揣着艺术的梦想和对话剧的热爱，人虽然进了剧团，眼前却是一片阴霾，就是看不到真正的艺术殿堂。

然而，他们并不死心，没有退缩。他们打起背包、躲开争闹，在老师的带领下去农村体验生活。在辉县太行山区的"愚公洞""娘子军桥"工地，他们和民工同吃、同住、同劳动，吃着红薯干、黑窝头，啃着老咸菜，喝着小米汤，抡过铁锤、打过钎，抬过石头、拌过浆。在这劈山修路、跨谷架桥的战斗中，他们切身体会到了老百姓想过上怎样的好日子，什么样的官才能带领人民摆脱贫困走向幸福，什么样的人才能为实现自己的理想而创造出人间奇迹。因此，他们理解了为什么话剧团能和兰考人、林县人结下了深厚的友谊，为什么许多老同志在创作中能和焦裕禄、杨贵的战友们结成了相互难忘、能拉家常的好朋友，为什么许多老艺术家能以质朴、豪迈、坚韧、不屈而又诙谐、灵变的个性在舞台上塑造出了那么多有血有肉、活灵活现的人物形象。话剧团能够以《不能走那条路》和《龙马精神》蜚声全国,形成了本团既有浓郁的乡土气息,又有鲜明的时代精神的独特艺术风格,就是因为生活是艺术的唯一源泉,他们用真诚拥抱了生活,用艺术演绎了生活。

回到团里,他们很快跟随着老同志登上了舞台,积极投入到了演出实践之中,从钉景片、装台到打灯光、跑群众,什么都学,什么都干。在排演场里、在舞台边,他们认真观看老同志排戏、演戏,每到精彩之处他们和台上的演员一样激动、落泪,甚而剧中每个角色的台词都能背诵下来。他们不仅熟悉了舞台的功能,也把能和老演员同台演出视为一种荣耀和骄傲,视为自己最好的学习机会。

1976年"文革"结束了,冰消河开,他们终于看到了艺术的春天。一批被长期禁锢的中外经典剧目复活了,重新登上了舞台,使他们大开眼界,从中领略到了话剧艺术的真谛和魅力。而置身于拨乱反正、解放思想、改革开放的大潮中,话剧界那一台台犹如时代号角般的新作,更是震撼了他们的心灵,燃起了他们期盼已久的创作激情。于是,他们投入到了一系列新创剧目的演出中,并担当起了不同角色的创作任务。如《暴风雨中的烈火》《曙光》《白色别墅》《西安事变》《谁是强者》《锅碗瓢盆交响曲》《报春花》《海的沉默》《中国人》,等等。正是在这样的氛围里,艺术又回归到了"人学"的本质,寻回了它那被放逐的灵魂。他们在排戏中聆听了老导演常耕民的教诲,懂得了演员是以自己的身体、情感和心灵来塑造人物的;真实是艺术的生命,要达到艺术的真实就要说人话、抒真情,就要有生活化的表演。他们也得到了著名导演佟守泽(中戏20世纪50年代导演系毕业,斯式体系传人列斯里的学生)的真传,明白了在进入角色创造之前,首先要做好人物小传、找到角色的种子,把角色的形象和情感有机地变成自己的东西,使角色和演员的心灵、身体融为一体。他们还在演出的求教与指导中,向老一辈艺术家王宝善、庞建民、苏政、陈裕德等人学习表演,学到了要想使自己的角色真实地生活在舞台上,就要以人物的性格点亮自己的内心,大到贯穿行动、思想情感的交流与抒发,小到一句台词的语气语调、一个习惯动作和一个小道具的运用,都要符合人物的性格,并使之化为一种本能的、自在的表现,才能达到内外性格的完美统一。与此同时,他们从上述剧目的角色创作与演出中也深深感悟到,新时期戏剧的发展已显示出不同以往的新的时代特色,它摆脱了"工具论"的束缚,更加关注小人物的命运走向和对于人的价值与尊严的认同。直面严峻的人生,在客观矛盾对立的生活中把握好社会的进展,既要热情地讴歌光明,也要尖锐地揭露黑暗,正是艺术家的良心所在、职责所在。

总之,他们是在时代的呼唤中,在老同志的关爱下,通过自身的艺术实践,凭着自觉的刻苦学习与悟性成长起来的。他们受到了革命现实主义和体验派的熏陶,承接了河南省话剧团的艺术风格,并由此为他们的演艺生涯打下了良好的基础。

然而,世事难料,到80年代末,特别是到了90年代初,戏剧事业的发展遭遇到了空前的危机,全省六个话剧团队就剩下省话剧团一个了。在眼前利益的诱惑下,在追求个人价值的实现中,这个队伍开始分化了,他们中有的嫁人出国了,有的下海经商了,有的步入仕途了。但是,吴广林、李利宏、于同云等人却没有走,他们怀着对艺术的挚爱,成了河南省话剧艺术事业最年轻、最坚定的一代守护者。

诚然,坚守也是一把双刃剑,既让他们经受了维持生存的艰苦磨炼,又给他们提供了再创艺术辉煌的最好机遇。面对民族文化的反思与外来文化的涌入,他们痛定思痛,深感这场危机的到来不仅仅在于商品经济、流行文化的冲击,更在于自身艺术观念的滞后和对观众新的审美需求急遽变化的准备不足。在社会生活和价值观念的变迁中,在艺术形式和创作风格的流变中,是刻意于民族传统的发扬,还是致力于外国现代派手法的汲取,是将其视为相互逆反的博弈,还是将其视为相互补充的发展,他们必须在慎思与践行中做出自己的选择。于是,他们把命运交给了时代、交给了戏剧,以主力军的姿态开始了大胆的探索,并以主创人员的身份站在了话剧舞台的中央。

从1988年的《水上吉卜赛》到2011年的《红旗渠》,20多年来,他们先后创作、上演了《公仆》《区委书记》《太行山人》《福兮祸兮》《百姓书记》《宣和画院》等一批脍炙人口的优秀剧目。而吴广林在这些剧目中,也先后担当了主要角色,并以不同的风格、样式,塑造了身份各异、性格迥然的罗四辈、焦裕禄、检察长、吴金印、李子信、杨贵等诸多的鲜活感人的人物形象。他连续获得了省戏剧大赛的表演二等奖、文华表演一等奖,黄河杯戏剧一等奖,中国话剧振兴奖,全国戏剧文化奖,中国话剧金狮奖,中国艺术节优秀表演奖,中国戏剧表演学院奖最佳主角奖。

● 电影《倔老汉与叫驴》剧照（饰演乡长）

岁月留下了他们坚实的足迹，记录了他们璀璨的艺术人生。从这些剧目的创演中，我们可以看到以下几个显著的特点：

一、在题材的选择和主题思想的开掘上，他们依然坚持了现实主义的创作原则和个性体验的方法。

"关注当下，觉悟人生"，这不仅是艺术的源泉所在、生命所在，也是艺术家的良心所在、激情所在、职责所在。他们在这样的求索中，或以深沉、真挚、隐喻、抒情的手法，将一群背着"历史黑锅"的小人物，置于苍茫混沌的黄河边，过着犹如吉卜赛人部落式的野漂生活，在传统与现代的悲壮反思中，在人物情感的纠结中，展开了两种文明、两种生存方式的观念性冲突，揭示了处于重大历史转折关头和社会急遽变革中的人们对于美好生活的向往和心灵深处的悸动；或以严峻、亲切、壮怀、绝情的色调，把古城的老少爷们儿拉入市井之中，透过一张假字画的倒卖和一家老字画店沦为羊肉扣碗店的变迁，揭示了在经济大潮中、在金钱和物欲的诱惑下文化的失落与人格的扭曲，发出了来自社会良心和人物内心的灵魂拷问，以及对于文品与操守、困惑与忏悔、觉醒与守护的呐喊；或以颇具中原韵味的乡土习俗和草根意识，深刻地表现了民族心理的积淀与现实生活的矛盾冲突，并以接地气、鼓正气、长志气的姿态，大书特书了人民的好干部，发出了时代的强音，使现实主义在既表现生活的亮点又揭示生活的弱点中得到了深化，加强了艺术的真实性和认识价值。

二、在叙事方法和人物塑造上，他们打破了"以事带人、以线贯穿"的结构模式，审时度势地引入了"意识流"的表现手法，越来越注重揭示人物的内心世界和精神走向。

从《水上吉卜赛》到《远山的日出》，从《福兮祸兮》到《宣和画院》和《红旗渠》，我们可以看到在这些剧目的创演中，伴随着艺术对于人的认识由外向内的深入发展和戏剧创作观念的深刻变革，他们不再恪守以往以客观真实的事件为中心，以人物的外部行动为主线来构制戏剧冲突和故事情节的老路，而是探索依据人物的心路历程和命运走向，把一连串包含着生活本质的现象，透过个性化、细节化的处理，在人物的内心冲突与情感纠葛中有机地连接在一起的新的演剧方法。更多地呈现出以人串事、以人物的情绪变化组合场面，并在舞台多层时空的拓展与自由转换中，以更加情感化、虚拟化的手法，展现人物性格的多重性和人物内心世界的复杂性、丰富性。

戏剧，是以演员来表演故事的。它既是剧场艺术，也是时空、视听综合性艺术。为了让观众在直观中获取良好的艺术效果，这种"由事变心"的叙事转换，改变了演员以固定式的舞台、"分幕分场"式的结构和以写实性的场景营造真实幻觉的表演方式，取而代之的是以自由式的舞台、"散文分段"式的结构和以写意性、虚拟性创造真实情景的表演方式。这就要求演员在角色创造中，既要以个性的体验统领全局，又要以灵动的技艺把握好分段中的表现，在时空自由的转换中、在跳进跳出的对话中迅速进入规定情景，并在展开人物间的矛盾冲突与情感纠葛中达到语境与心境、外部动作与内心动作、再现与表现的和谐统一。

吴广林在这一转化中，做到了体验派与表现派的有机融合，并在多种角色的创造中日益积累起了较为深厚的功力，给人们留下了深刻的印象。我们忘不了在《水上吉卜赛》中，罗四辈与石令宇在黄河边不时的塌岸声中，在远处帆船的摇曳漂浮中,展开了一场时而相交、时而分离的由快到慢、由真实到虚拟的慢动作式的打斗,透过他们被扭曲的肢体动作和清晰可见的痛苦表情,将心理空间的我与现实空间的我巧妙地糅合在了一起,深刻地揭示了罗四辈的愚昧与闭锁和石令宇的忍耐与期待。在与三三的情感纠葛中,他以笨拙抖动的手和炽热的目光,在披红戴花中相拥着三三走上了喜床;在族规的挟制中,他听到三三对新生活的向往并发现她敢于动雁枪、闯雁阵,却又在惊骇与打斗、咬刀与难舍中将其视为"鬼夜叉"。这些都突显了人物性格的双重性和内在情感的分裂,让观众在痛惜中发以深省。我们也忘不了在《宣和画院》中,广林怀着对古都汴京的深厚感情和对开封人的性格了解,把李子信的角色深深扎根于厚重的历史文化积淀之中,在与书法挚友廖桂云的往事回忆中,在二人操琴品唱的交会中,他们时而以淡泊的微笑面对人生的坎坷,时而又以无比的自豪坦诉对古城文化的热爱。然而,在市井人群为钱而浮躁的游弋中,在经济与文化错位的困惑中,他又痛苦地徘徊于失节失信的儿子与守节守信的老友之间,最后以坚守老字画店的决心,发出了既是拯救自己的人格又是拯救民族文化的呐喊,活脱脱地将一个草根文人的形象托上了舞台。

三、在诗意的创构中,将体验派与表现派有机地融合在一起,以提升民族文化的品位。

众所周知,在话剧艺术的变革与发展中,至今还存在着导演观念趋前、演员技艺滞后的争论。有的人认为,导演是中心,演员是棋子;有的人认为,演员是主体,角色是戏魂。由此还引发了是要民族化还是要现代化,是以体验派为基础还是以表现派为主体,是要再现艺术真实还是要表现感官冲击等诸多争论。这些皆是在全球化的态势下,形形色色的戏剧观念与各种流派的输入引起的不同思考和说法。其实,戏剧是一门综合艺术,编、导、演、音乐、舞美谁也离不开谁。在多元化的今天,虽然各有所爱,但对于一个民族而言,总不能老跟在别人的屁股后面跑,而没有自己的文化品牌。与其这样争论,还不如形成创作合力在艺术实践中探索中国戏剧将如何发展。因为,任何一种单向性的思维都不是最有效的思维,只有综合性的、系统性的思维才是最有效的思维。

我就十分赞赏河南省话剧院在艺术创造上形成了以李利宏、吴广林、于同云、呼建国等人为代表的"以精诚合作给力、以自己作品说话"的团队精神。20多年来,他们相互辅佐、相互探讨、躬身实践、艰苦创作,在比较中开阔视野,在追求中感悟生活。他们发现,传统与现代并非是两个绝缘的隔离体,而是人类文明发展的一个源源不断的流程。对世界的认识如此,对人的认识也如此;对物质生活的需求如此,对精神生活的需求也如此;对文化的变革如此,对戏剧的变革也如此。体验派可以通向艺术的真实,表现派可以外化人物的内心。如何将这两者有机地融合在一起,使话剧艺术的发展在由外向内的观念性变革中,更具有民族文化的个性和品位?这才是他们最为关心的问题。

于是,他们从争论中发现,源远流长的中国文化早已在诗歌、绘画、小说、戏曲等文艺创作中,以"天人合一"的哲理思辨,将人们对客观世界的认知与对内心世界的感悟融合在一起了。"大音希声,大象无形","大制不割""道法自然","以虚写实,以静写动(或以动写静)","无中生有,以少胜多","淳朴自然,浑然一体","超以象外,得其环中","随物婉转,与心徘徊"的艺术境界,正是他们孜孜以求的审美理想。只要扬弃了陈旧的说教、附庸的观念,赋予人物以现代生命的活力,必将会在今天的艺术发展中重放异彩。

为此,他们以诗意的追求、心灵的创构,通过上述剧目的创作使我们看到,在时空自由的转换中、在多层空间的拓展中,以可移动的景物、不同色块的对比和灯光造景、抒情的艺术效应,使角色在"随物婉转,与心徘徊"中得到了对内心世界的充分揭示和情感的尽情抒发;同时,他们也采用了意象化的手法,在细节的选择和不断叠加中,在民歌、民谣也参与情景的创造与转换中,使以人串事、以情组合的场面达到了诗意化的有机贯穿。吴广林在《红旗渠》创作漫谈中曾写下了这样动人的感受:

剧本第一句话:"《红旗渠》故事是虚构的,但精神是真实的。"剧作者舍形取义,不是在编织一个故事,而是在讲述一种精神。全剧大段大段的独白,成串成串连珠炮般的排比句比比皆是,场与场之间基本没有情节上的联系,可以说每一场都独立成篇,每一场都是陡然而起,且充满激情……它不同于我以往所见到的中国戏剧舞台上的任何一个戏,没有参照,无章可循……导演李利宏对话剧《红旗渠》的风格样式做出了全方位的解释:《红旗渠》就是咱北方的太行山,扑面而来,气势夺人。它不是南方的青山绿水,它是一杯烈酒,是90度以上的酒头,喝上一口喧得你喘不过气来。它是雕塑,是泼墨,是大写意,而不是工笔画。它非黑即白没有过渡色。表演上要求演员高声大腔,不要柔声细语。感情表达上要一步到位,不要拖泥带水。形体动作要有"范儿",要放大,而不要那种"纯生活"的表演状态。

正是在这样诗话般的要求下,吴广林的心又回到了那个激情燃烧的岁月。他以诗朗诵般的语言处理、舞蹈化的形体动作、横跨舞台的大调度和充满真挚、淳朴的内在情感,表现出了杨贵的豪气、帅气、霸气的性格特征和他那气吞山河的魄力与胆略。他在角色的创作中,从服装那雕塑般的款式、岩石般的颜色,找到了与太行山浑然一体的感觉,以自信、夸张、有"范儿"的巴顿式的下跪、撩大衣、甩衣袖等近似戏曲化的大动作,去抒发人物的情感,外化人物的心灵,展现人物的意志。"挪凳子",与乡间大儒杨起梦贴心交谈;抗压力,扯起7米长的桌布,缓缓披在身上,又陡然抛向空中;诉衷肠,与诤友黄继昌像孩童一样先喝酒后打架,随之四仰八叉地躺在地上,娓娓道出了当官的感喟、为民的心声,最终二人紧紧地拥抱在一起……给我们留下了那一场场感人肺腑、催人泪下的情景。吴广林正是在这不拘一格的诗化追求中,以中国特有的风、骨、气、意、神、韵的美学原理,在直奔人物内心、重在挖掘人物精神世界的创造中,迎接了又一个光彩照人的新角色的诞生。他以新的创作实践回答了现实提出的新问题,不仅在诗意的追求中,使体验派与表现派化为了角色创造的两翼,也使话剧艺术的创演在张扬民族文化优秀传统中更具有了中国特色。

我们衷心希望广林在角色的创造中,透过艺术的精微机杼,飞动出更大的生命活力,并把收获的成果与经验传承给下一代话剧人,使河南话剧艺术之树更加枝繁叶茂。

我所认识的吴广林

李发军

欣闻省话剧院创作演出的大型话剧《红旗渠》在第十届中国文化节上获得文华大奖,位居话剧榜首,我非常振奋,总想写点什么为他们表示祝贺和纪念。这不仅因为我是一个话剧爱好者,更缘于我的挚友、剧中男一号的扮演者吴广林艺术上的成功——他个人也获得了优秀表演奖。

同吴广林相识,始于话剧《太行山人》的创作和演出。

《太行山人》是一台以我省卫辉市唐庄乡党委书记吴金印的事迹为原型创作的剧目。吴金印数十年如一日,扎根基层,先后在两个乡任党委书记,"干一处想一处,走一路富一路",带领群众走上了富裕的道路,被中组部树为全国乡镇党委书记的榜样。该剧创作于1997年。当时我在省委组织部研究室工作,负责省内宣传吴金印的一些具体事宜,作为"官方代表"参与了剧本的创作论证会。同吴广林第一次见面就是在这个论证会上。记得会上一个争论不休的问题是剧本中是否要加入一些男女感情纠葛的情节以增加感染力。一部分人认为加入一些这样的戏份可以使剧情更生动、更好看,领导干部也是人嘛;另一部分人则认为,加了与之无关的东西不严肃,没必要。我作为上级党组织派来参与论证的代表显然应该是"严肃派"的,否则就违背了自己的使命。但我不是作家,没有写过剧本,对文学作品的潮流也没有研究过,所以发言很谨慎,看到那么多人是"感情派",心里直打鼓,生怕最后通过的本子走偏了方向。就在大家争论无果的时候,角落里一个一直闷头不语的人说话了:"我不赞成加入那些所谓好看的东西。这个戏是宣传先进人物,好看不好看,关键是能不能把吴金印一心为群众的事迹和感情表现出来。爱情是文学的永恒主题,这话没啥大错,但人间的感情有很多方面。依我看,党的好干部对人民群众的感情和奉献,要比卿卿我我的男女之情高尚得多,伟大得多,因为对大众的爱才是人间的大爱。"好一个人间大爱!我心里不由得赞叹。此话入情入理,说到了点子上,也说到了我心里。我长长地舒了一口气,向他投去了感激的目光。"这是吴广林,《太行山人》的主演。"有人向我介绍。我认真地审视了一下这位主演,四十来岁,一米八零左右的个子,圆中带长的脸,一双炯炯有神的眼睛,虽然剃得干干净净但仍依稀泛着青光的络腮胡子。他给我的第一印象是坚毅的神态中透射出一身正气。他的发言使"严肃派"成了多数,占了上风。后来,《太行山人》在省内一连巡演了139场,边演边改,获得了巨大成功,每一场吴广林都担纲主演,付出了艰辛的劳动。我因为工作上经常和话剧团来往,又和广林意气相投,就成了要好的朋友。

  吴广林是个对艺术执着得可谓倔强的人。聊天中得知,他是在"文化大革命"期间考录到省话剧团的,那时才刚刚十多岁。同他一起被录用的有20多个少男少女,如今人都改了行或调到别的院团去了,唯有他和少数几个人坚持了下来。吴广林没有上过什么艺术院校,硬是凭着在干中学、学中干一步步成长为剧团的台柱子。

  这些年来,话剧市场不景气,为了生计,团友们走穴的走穴,北漂的北漂,也有的改行做了生意,吴广林却一直坚守阵地。团里只要有任务,他总是召之即来。重要剧目特别是主旋律剧目中的主要人物焦裕禄、吴金印、杨贵等都是他担纲主演。

  他塑造的艺术形象是成功的。我问过身边几个看过话剧《红旗渠》的同事,大家都说演得好,特别是演杨贵的那个,演出了红旗渠的精气神!有的说,没想到这台戏这么震撼,开始不想去看,被别人拉着去了,结果看着看着被感动得掉了好几次眼泪。一次,我应邀看他们演出,结束后一大群观众围到后台说,演得太好了,明天还演吗?我们还想看。观众的评价是发自内心的。吴广林演戏非常投入,我看过他许多次演出,可以说,无论大小角色、主角配角,他的演出都很精彩。据说,他在电视连续剧《难忘岁月——红旗渠故事》中扮演的老实巴交的大旺形象曾令其妹妹——一个团职女军人沉浸于剧中不能自拔。她热泪涟涟,喃喃自语:"我哥太可怜了,连个媳妇儿也娶不起……"

吴广林在艺术创作时,一旦入了戏,就像变了个人似的。我在安阳市委工作期间,曾同省话剧院合作拍摄了一个反映农村教师生活的小型电视剧。那一天我到拍摄现场看望大家,看到我来了,朋友们都很高兴,有的戏谑地给我敬军礼、道万福,有的调侃喊我李大爷。折腾了半天,没见广林,就问,广林呢?那不!有人给我指了一下。不远处的小树林边缘,吴广林在独自散步。我朝着他的方向紧走了几步,喊了一声:广林!他抬头看了一下,显然是看到我了,因为距离并不远。我以为他会快步走过来和我握手寒暄,没想到他却转身接着踱步去了。看得出,他是在琢磨角色。尽管如此,我还是有些生气。我们俩啥关系呀,朋友!大老远来看你,总不能来个当面相逢不相识呀!我心想是不是哪一点儿对不住他了,中午吃饭和他说话,他也总是心不在焉,跑神儿。噢,他这是入戏了。

吴广林是个善于观察生活、认真揣摩艺术的人。他曾经笑着对我说:"看到你,让我更加明白了领导干部也是个性各异、多姿多彩的。在舞台上,一些人往往把领导干部塑造成端着架子、操着官腔的主儿,似乎只有这样才显得领导干部是与众不同的智者,是高瞻远瞩、驾驭全局的驭手。生活中的领导干部并不见得都是这样啊。比如说你,你就没有一点官架子,说话也不拿腔拿调。"我意识到他是把我作为观察对象了,便开玩笑说:"那是我官小,官要再大一点说不定调子也上去了!"后来,我发现他主演的乡镇党委书记的榜样吴金印就非常贴近生活中的人物——性格温和,态度谦虚,经常和老农拉家常,像个学生,又善于发现群众中的智慧……然而,他扮演的《红旗渠》中的杨贵却是另一个样子:风风火火,坚韧刚烈。吴广林说:"那是激情燃烧的岁月。缺吃少穿又没有现代生产工具,林县人硬是靠肩扛人抬小车推,在太行山的悬崖峭壁上挖砌了一条1500公里长的红旗渠。这叫啥?奇迹!一个感天地、泣鬼神的人间奇迹!导演要求演出时代风貌来。那时的时代风貌是啥?

● 话剧《宣和画院》剧照（饰演李子信）

是理想和激情，是什么困难也压不倒的英雄气概……"这样的定位无疑是正确的，但可苦了吴广林。舞台上的他激情四射，时而激越，时而悲愤，坚定果断，声音响亮，每句话似乎都能把舞台砸个坑出来，每个音符又都好像从地上反射上去盘旋在观众的头顶，继而响彻整个剧场。置身剧场我暗中思忖：都说体力劳动累，这样演下来，可比拉板车要累多了。况且，他还要在全省、全国连续巡演，连个替换的角儿都没有，这需要多大的毅力和体力啊！后来我说他："这样演，不累？"他笑眯眯地答："咋不累啊，可是咋办？"我说："你也喝酒也抽烟，到舞台上又高喉咙大嗓地喊，你那'小篾儿'（指嗓子）受得了吗？嗓子不哑是不是有啥诀窍？"他憨厚地一笑："啥诀窍？平常多练呗！"

有一次我到广林家里去，发现他新添置了一架古琴，以为是给孩子买的，就问："孩子大学学器乐？"他笑笑说："孩子学的是声乐，唱歌。要不要我给你来一段？"说着便坐到古琴前，居然像模像样地演奏起来，听着还真像那么回事。原来，他们新创作了话剧《宣和画院》，剧中人有演奏古琴的情节。我知道他以前并不懂乐器,就说:"学古琴难度太大了,不能用'弦外之音'让人代替?"他说:"能是能,不过,话剧舞台大,剧中人亲自演奏效果会更好。再说,我们团也没有会古琴的呀,好在剧中演奏的情节不多,也就学了。"后来,我观看了《宣和画院》的演出,效果果然不错。吴广林就是这么一个人,只要是表演需要的,他都要去尝试,去学习。

吴广林是国家一级演员,听说今年又被评为了省级劳动模范。前者是对他艺术上的肯定,后者是对他的工作精神和劳动贡献的褒奖,我打心眼儿里为他高兴。一个素质好的人,往往是方方面面都不错的人,吴广林就是一个许多方面都有长处的人。他在单位是劳动模范,在家里也是一个好丈夫、好父亲。有什么样的父亲就有什么样的儿子,他的儿子考上河南大学音乐系,是他一步步带出来的。他疼爱妻子,好多家务都主动承担。每次到他家里,我们总要喝上几盅,他总会麻利地做上几个小菜,那娴熟程度,可谓是一个称职的"家庭妇男"。和朋友外出吃饭,结账时他总是主动掏钱,把别人拨拉到一边,还振振有词地说:"今天我刚拍了个小广告,赚了个小钱。"

这就是我所认识的吴广林。

感悟吴广林的表演艺术

刘景亮

多次看吴广林的演出,特别是反复看他主演的《宣和画院》《红旗渠》,感悟他的表演艺术,慢慢地有些懂得了他的风格和创作方法。吴广林的表演是形神兼备的表演,是现实主义和浪漫主义相结合的表演。当我们使用"形神兼备""现实主义和浪漫主义相结合"这两个概念的时候,其实已经包含了一种含义,就是吴广林的表演更加重视"神似",更加注重浪漫主义。

如果说河南省话剧院在20世纪五六十年代演出的剧目依据的现实主义创作方法特别注重"形似"的话,那么进入80年代之后,其创作方法便逐渐演变,吴广林和他的创作团队共同创作的《水上吉卜赛》《远山的日出》《福兮祸兮》等,都加重了心理揭示,更加注重神似,更加重视浪漫主义元素,对生活有了一些变形的表现。只是现实主义的元素和浪漫主义的元素,神似和形似,结合得还不够完美。经过一个较长时期的创作实践,他们积累了经验,提升了艺术水平。以吴广林为主演的《宣和画院》《红旗渠》的问世,标志着河南省话剧院创作方法的转型已经完成。这种新的创作方法是在形神兼备中更加重视神似,在浪漫主义和现实主义相结合

● 话剧《红旗渠》剧照

中更加重视浪漫主义,同时又没有过多地离开形似,没有离开现实主义创作精神。《宣和画院》演出时不少人提出,这个时期书画行业十分红火,说它难以维持,不够真实;廖桂云因为后辈模仿他几幅字就要把视之如命的独特印泥倒入井底,就要封笔,也未必符合生活逻辑。但从观众接受的效果看,这种意见不大站得住。因为这出戏体现了一种心灵的坚守,描绘的是不同人群的神态,并且强化、放大了心灵的表现、神态的表现,观众接受了,在一定程度上可以说是离形得神。《红旗渠》中的人物,穿着皱巴巴的灰色服装,如同古墓陶俑式的造型,这追求的不是形似,而是厚重的感觉;人物走路似乎是跑,说话似乎是喊,追求的也不是形似,而是那个时代人们的激情似火。80岁的前清秀才杨起梦在大山上写巨幅大字,吱吱的上山服务等等,未必是真实的现实,而是理想的真实……这种激情、理想又都是以现实为根基的,所以能够感动观众,而且具有更强的感染力。

吴广林的表演艺术就是在这种总体追求下的艺术。

吴广林的表演给人最突出的感觉就是激情。《红旗渠》一开始就是他扮演的杨贵独自站在台上讲话。一大段独白，长达几分钟，没有情节的铺垫，没有对手配戏，按理说是很难吸引观众的，但正是由于扮演者吴广林的激情，几乎从第一句开始就把观众给震住了。观众被他的激情感染，一下子就进入了情感状态。讲到最后，他猛地甩掉大衣，似乎是在呐喊："太行山，我们的较量开始了！"戏剧的开始，观众没有看到起伏跌宕的情节，没有看到惊心动魄的人物命运，仅仅是吴广林扮演的杨贵的一段讲话已经让观众入戏。这是表现先于体验的表演，让观众感觉就像是面前突然出现了一座高山，没看清楚，没来得及思索，甚至不知道它是什么，已经被震慑了。杨贵在和调查组组长谈话时说到吱吱，他极度悲愤，调查组组长说他疯了，这时吴广林的表演是：拉起会议桌上的红色桌布，猛地甩起，扑倒地上，桌布飘落在身上。他匍匐着，说着激愤的台词，最后站起："要是有枪，有枪我就往我这儿打……我就解脱了！"这段表演，动作强烈、幅度大，人们看到了他的愤怒、悲痛、委屈。观众已经完全不会追究一个共产党的县委书记用这种方式与上级派来的工作人员谈话是不是符合生活的真实，他的动作、他的语言已经转化为放大了的情感。人们体验到了这种情感的真实和强烈，完全不再顾及动作、语言是否符合生活的真实，正所谓"得鱼忘筌"。

　　说吴广林的表演突出的表现是激情，并不是说他一直是激昂慷慨，只是说他在舞台上一直沉浸于情感状态，把各种各样的感情都表现得极其到位，极其强烈。《红旗渠》中的杨贵要在山崖上写几个大字，年已八旬的前清秀才杨起梦主动请缨。杨贵为了表现对这位老秀才的热情，二人本来分坐舞台两侧，边说话边向舞台中心移动板凳，最后靠拢在一起。杨贵抓住杨起梦的手，几握几抖，极其准确地外化了杨贵热情如火的内心世界。这里的表演不是表现激情、豪情，而是热情。吴广林以对比、夸张的艺术手段强化、放大了这种热情。二人坐的位置，先是很远，后是靠在一起，这是夸张和对比；杨贵与杨起梦交谈时的音调轻细而温柔，而一旦说到要写的"重新安排林县河山"这几个大字时，音调突然升高，显示出人物那激昂豪放的本色，这同样是做了对比和夸张。观众在这种强化、放大了的情感刺激下，完全被情感左右，已经忽略了承载这种情感的外在语言和动作，也不会再去推敲语言动作的真实合理与否，完全认同了表演者传达给他们的情感。这是审美的高境界。

当然，吴广林的艺术表现力，也得力于他极具感染力的声音。青年洞塌方，几位优秀青年遇难，杨贵给乡亲赔罪下跪。但是乡亲们说，杨书记修渠，是为了林县百姓，应该下跪的不是杨书记，百姓反而要给杨书记下跪。杨贵一边阻止百姓下跪，一边自言自语地说了一句话："我承受不起啊！"这句话说得很轻，但是却有极强的情感力度。声音中带了一点假声，又带有哽咽之声。这种声音具有丰富的形象性，表明杨贵已经激动得说不出话，悲痛得要放声大哭，但在乡亲面前又不能如此，还不得不向正在给他下跪的百姓明确表达自己的心情。他说的"承受不起"这句话的语言意义根本无法表达这复杂的感情，而他的声音造型却出色地完成了任务。

吴广林这种表现先于体验的表演，现实主义和浪漫主义相结合而浪漫主义又显得更加浓重的表演，常常达到"离形得似"的艺术效果。其创作根基仍然在于他对生活真实的把握，在于他对人物真实情感的深切体验。与他合作的艺术家们都说他是"戏痴"。每逢进入一出戏的创作，他甚至让妻子、孩子都去住亲戚家，自己关在屋里一天又一天、一遍又一遍地体验人物，体验人物在此景此情下的情感状态，体验人物应有的语言声调、应有的行为动作。据说，他在接到《红旗渠》剧本之后，就这样把自己关在屋里一个星期。他是坚实地踏在"真实"的平台上，把握了人物真实的情感，又在反复体验中进一步孕育情感，并强化了这种情感，放大了这种情感。这样才能离形得似，脱离了物象的真实，达到"神似"，达到表现先于体验的审美效果。他不是没有体验，不是体验得不够深入，而是进入了体验的超越和升华。

我们也看到，吴广林的表演风格的改变和河南省话剧院风格的改变是一致的。或许是吴广林带动了团体风格的改变，或许是团体风格促进了吴广林个人风格的改变。这种改变与全国话剧的时代风格的演变同样是一致的。然而，河南话剧毕竟又有着自己的特点，吴广林的风格也毕竟具有自己的个性。

偶然之间
——浅识国家一级演员吴广林

陈 鹏

　　一束雪亮的追光，打向"杨贵"，满场的目光聚焦到了他的身上，他高举大碗，深重有力地正告天地："干旱了千万年的高山大地，请来喝水！数百年来，因干旱而死去的祖辈先民们，请来喝水！近十年来，为了修渠而英勇献身的英烈们，请来喝水！林县55万父老乡亲，请来喝水！红旗渠咱修通了，咱林县有水了！"话音一落，满场观众掌声如潮，有的观众还大喊着："红旗渠万岁！""林县人民万岁！"这是2013年10月20日话剧《红旗渠》在第十届中国艺术节的演出场面。

　　2013年10月26日，第十届中国艺术节在青岛圆满落下了帷幕，河南省话剧院的大型话剧《红旗渠》，在专家和观众热烈的掌声中，在观众的呐喊声中，名列话剧组榜首，喜获文华大奖，《红旗渠》中杨贵的饰演者吴广林，获得了第十届中国艺术节优秀表演奖。在本届艺术节上，参赛的剧目有80多台，演员数百位，获得个人优秀表演奖的仅20余人，可见这个奖项的分量和珍贵。

　　《红旗渠》从2011年7月第一次公演，到2013年10月在第十届中国艺术节获得文华大奖，每一次演出都会受到媒体的关注报道，都会受到领导、专家和观众

● 话剧《红旗渠》剧照

的高度赞扬。这些关注报道和赞扬声中，大家说得最多、感慨最多的，就是《红旗渠》出人意料的独特的舞台艺术呈现、震撼人心的艺术感染力，以及整台演员投入、到位的表演。在这部角色众多的群戏中，最吸引大家眼球、给大家留下最深印象的，无疑还是这部戏的男一号角色"杨贵"。杨贵的饰演者吴广林也借助此戏进入全国观众的视野。那么，吴广林到底走过了怎样的艺术之路？他又是如何创作"杨贵"这个人物的呢？

我带着这些疑问来到吴广林老师楼下。循着一阵优雅的古琴声，我上了楼，敲了几下门后，古琴声停了下来，来开门的正是吴广林，刚才的琴声正出自他手。吴广林，一米八几的个子，腿很长，人很瘦，穿着朴素，并不像平常人们印象中的具有"艺术范儿"，与舞台上激情澎湃、浑身散发着艺术张力的他很是不同。我们的谈话就从他的从艺道路开始。

吴广林从小生活在开封，虽然是学校的文艺积极分子，但从没看过话剧，家里也没条件看，根本不知道话剧是怎么回事。1973年，河南省话剧团在开封招收学员。当时,吴广林家的生活也是捉襟见肘,一大家子只靠父亲一个人的工资生活。河南省话剧团招收学员的告示恰好被吴广林看到,最吸引他的是海报上居然写着学员包分配还有工资。为了减轻家里的生活负担,吴广林没有和父母商量,就报名参加了考试。他记得当时考了朗诵和小品,可能因为在学校是文艺活动积极分子的缘故,考试很顺利就通过了。

不久他就接到了通知书。在出发去郑州的前一天,他先跟同学和朋友们告了别,晚上回到家才跟父亲说他考到河南省话剧团了。父亲当时很惊讶,有点儿不相信,他就拿出录取通知书让父亲看,并得到了同意。第二天早晨五六点钟,他的几个姨早早来到家里等着,母亲赶早出去买回来了好多棉花和布,大家三下五除二给吴广林缝了新的被子和褥子。缝好后,他就背着到了火车站,独自赶赴郑州。

就这样,他开始了自己的演员生涯。也许是偶然,也许是天注定,谁又能说得清楚?

也许吴广林天生就是吃话剧这碗饭的。踏进河南省话剧团的大门,吴广林就热爱上了表演艺术,认真钻研,刻苦磨砺,很快从一个普通学员成长为一名颇具实力的演员。1988年,河南省话剧团排演了一出具有探索意味的话剧《水上吉卜赛》,吴广林饰演主角罗四辈,获河南省第二届戏剧大赛优秀表演奖。1990年,在话剧《公仆》中,吴广林饰演"县委书记的榜样"焦裕禄,获第二届中国话剧振兴奖。1998年,在话剧《太行山人》中,吴广林饰演吴金印,获河南省第七届戏剧大赛优秀表演奖。2009年,荣获河南省电视台第八届相声、小品大赛个人最佳表演奖。2010年,在方言市井话剧《宣和画院》中,吴广林饰演书画家李子信,荣获河南省戏剧大赛表演一等奖及第四届黄河戏剧奖表演一等奖、中国话剧金狮奖优秀表演奖。2011年,在大型话剧《红旗渠》中,吴广林饰演杨贵,获河南省第十二届戏剧大赛文华表演奖,在2013年10月举行的第十届中国艺术节上获优秀表演奖。

从吴广林的艺术发展历程我们可以看到,不管是20世纪80年代末话剧艺术受到影视及其他新的艺术形式的冲击开始滑坡、处于低谷的时期,还是话剧艺术重新迎来发展机遇的今天,吴广林一直坚守在话剧舞台上,努力耕耘,默默积累。

《水上吉卜赛》中的罗四辈,是一个从小生长在黄河边的渔民;焦裕禄,是出生在农村并在农村成长起来的党的干部;吴金印,同样是在农村成长起来的党的干部。在《宣和画院》之前,吴广林成功主演的角色大多是农民形象。他很好地继承了河南省话剧团朴实、厚重、自然的表演风格。就像北京人艺的"京味"话剧,这种表演风格也是河南省话剧团的鲜明特点。这种可贵的风格和特点,是话剧团老一辈艺术家留下的珍贵财富,当吴广林这一代演员试图在表演艺术上有所突破时,这种风格和传统无形中就成了桎梏,增加了突破的难度。

但是,艺术发展的逻辑永远都是在继承的基础上创新。吴广林在虔诚地学习继承前辈表演风格的同时,也在努力根据时代、剧情、观众的需要,寻求个人表演风格的突破和创新。2008年,在河南省话剧院排演的方言市井话剧《宣和画院》中,他在表演风格和艺术形象的创造上实现了一次重大突破。他饰演的李子信是生长在开封的一个书法家,这个在皇城根下长大的知识分子形象,与他以往塑造的形象截然不同。在表演风格方面,在朴实、厚重之外,又多出了一分细腻与从容。

2011年,河南省话剧院排练《红旗渠》。《红旗渠》剧本的诞生充满了偶然性。编剧杨林本来写的是豫剧本,后因种种原因搁浅。机缘巧合,他碰到了导演李利宏,两人一拍即合,话剧《红旗渠》的创作被提上日程。四年艰辛,杨林终于写出了话剧《红旗渠》,这就有了吴广林话剧艺术生涯中的另一个重要角色——杨贵。《红旗渠》中的杨贵,可以说是吴广林将以往的表演风格和《宣和画院》中新的突破结合在一起又做了一次发酵和升华。二者在艺术风格上是迥然不同的,用导演李利宏的话说,《宣和画院》是一杯清茶,是一幅清新细致的工笔画;《红旗渠》是一杯烈酒,是一幅浓墨重彩的泼墨大写意。吴广林说,从这两部戏角色创作的角度来说,《宣和画院》相对容易些,按照这部戏的艺术风格,他还可以从《茶馆》《北京人》中有所借鉴。在《宣和画院》的排练过程中,他需要解决的问题是一个在表演方面最基本的问题,许多同志也都存在这个问题,那就是真听、真看、真感受!这个表演的基础问题,一般在学表演的第一课就会讲到,虽然是基础,但要把它做好,却要下很大功夫,甚至是一个演员一辈子都要重视的问题。河南省话剧院和全国的院团一样,一直经受着当代影视、网络和经济大潮的巨大冲击,演出很少。因此,在这个最基础也是最重要的问题上,演员们就缺乏持久的磨炼,甚至因为演出

● 话剧《红旗渠》剧照

太少而生疏了许多。为此,《宣和画院》整整排练了7个月,很艰苦！好在排练完成后,得到了领导、专家和观众的认可、喜爱,吴广林和很多同志在解决这个问题过程中,都有了收获和突破。现在回想起来,《宣和画院》7个月的艰苦排练,不仅仅解决了他和很多同志真听、真看、真感受的问题,更为后来《红旗渠》的排练打下了深厚的基础。

吴广林说,他从事话剧事业40年,大大小小的角色演过不少。话剧《红旗渠》是他碰到的最难演的一部戏。导演对这个戏有独特的美学追求,采用了独特的表现形式,在表演上对演员的要求是真实、强烈,要像一杯高度的烈酒,让人一入口就能闷住、噎住！就像在太行山中一样,打开窗户就是满当当迎面而来的巍峨山壁！要给观众这种冲击力和感染力。如何在舞台上做到这点,这在他的表演生涯中,甚至在中国的话剧舞台上是一个崭新的课题,没有任何借鉴,没有任何成功的范例供他参考。杨贵这个角色,在剧中戏份之大、台词之多,超过他以往任何一部戏,且不说表演成功与否,在体力上能不能拿下,对他来说就是一个挑战。导演在表演上要求演员高声大腔,不要柔声细语;在情感表达上,要求情感发展的过程要快,要迅速,要一步到位,不要拖泥带水;形体动作要有"范儿",要放大,而不要那种"纯生活"的表演状态。这就是话剧《红旗渠》的风格样式。

俗话说,"头三脚难踢""万事开头难"。第一场戏是关键,它是全剧的基调。第一场,开始就是杨贵一个人长达几分钟充满豪情的大段独白。吴广林经过不断摸索,在处理这段台词时,把大段台词团成团儿,想到哪儿说到哪儿,甚至不分逗号、句号,一气呵成,就像巍巍太行山扑面而来,气势夺人。这既避免了冗长拖沓,又加大了信息量。在形体动作上,他采用巴顿式下跪、甩大衣及大幅度的舞台调度。这既体现了舞台整体节奏,又表现了主人公的豪气、帅气、霸气,同时也展现了杨贵"重新安排林县河山"的气魄和胆略。就这样,每一句台词,每一个舞台动作,他都要尝试各种表演方法、处理方式,以适应导演李利宏所确立的《红旗渠》的风格。好在导演在舞台调度、舞台美术和服装等方面给演员提供了诸多的表现手段和表现空间。比如第七场,导演专门设计了杨贵要把7米长的红色桌布一下子扯飞起来,再缓缓地裹在肩上,随着情感迸发,猛然站起把桌布奋力抛向空中的调度、动作,成为外化杨贵压抑、委屈心理的神来之笔。这一连串动作处理,把戏推向高潮,把杨贵的情绪推向高潮。观众看到这里总是含泪报以热烈的掌声,直呼震撼、过瘾。还有在服装设计方面,色彩上突出了岩石感,衣服和裤子都是宽大、厚重的,因此在舞台上一举一动,都要比平时放大许多、快速许多,无形中体现出了林县人的憨直硬朗的性格特征。就是这样,利用以前的积累,利用导演赋予演员的各种手段,吴广林才最终创造出了现在舞台上的杨贵。

综观吴广林40年的艺术生涯,不难看出,在《宣和画院》之前,他还处在继承、积累、锻造自己表演艺术风格和技艺的阶段,在老一辈艺术家打下的丰厚基础的滋养下,吴广林的演技日益成熟、精湛;在《宣和画院》时期,可以说是对自己几十年舞台经验积累的一次精心锤炼和锻造;《红旗渠》中杨贵的成功塑造,则是他的艺术风格和表演技艺的一次蜕变和升华。

一次偶然,吴广林老师踏上了艺术之路;一次偶然,话剧《红旗渠》剧本诞生。两次偶然之间,是吴广林弹拨古琴时的姿态,是吴广林在排练场光着膀子挥汗如雨的身影,是吴广林演出前一定要喝的那一杯毛尖茶,还有演出前一定要吃的那把药,是他对话剧始终如一的热爱,是他 40 年孜孜不懈的追求……有了这些,才会有偶然间的必然,才会有吴广林表演艺术的辉煌灿烂!

戏痴吴广林
——谈吴广林在《红旗渠》中的表演

刘彦君

一部主旋律作品,至少得有一个可以叫得响的人物才能站得住,传得远,就像《第一书记》中的沈浩、《生命档案》中的刘义权一样。《红旗渠》中的杨贵,就是这样的一位人物。杨贵的扮演者吴广林在《红旗渠》中的表演,无疑是这部剧作中最明亮的色彩之一。在这部主旋律作品中,是吴广林扮演的杨贵——林县县委书记这个角色,携带着时代更迭的宏伟力量,提升了《红旗渠》的品质,完成了对当代观众的引导与征服。总结起来,他的表演至少让我们看到了如下三个重要特征。

一、大题材,小切口

对戏剧题材感的高度贴合,是吴广林表演的一大优势。在这部以红旗渠工程的修建为主要内容的作品中,他努力做到从大题材的小切口入手,以人带戏,以人的心路历程统领事件,以个体的意志、决心引领集体,引发了观众对那个时代、那个群体、那种社会心态的准确想象。他的表演,让我们真实地看到了中国当代那段

● 话剧《红旗渠》剧照

难忘的历史和即将消失的过去，以及当时那一代共产党人坚定而博大的心灵世界。

"我是林县县委书记杨贵，现在是1959年10月29日……"戏开场时的先声夺人，一下子就把观众拉到了那个特定的时空，同时奠定了本剧大开大合的风格。接下来，在大段的自报家门式念白中，杨贵对于庄稼地、浊漳河、太行山三样东西的强调，对于要改天换地、建功立业当人民英雄的内心告白，都带有其自身的个性特征，同时也带有那个时代可触可碰的历史质感。

将近4分钟的念白，没有乐队，没有支点，没有对手戏，这对于演员来说，不能不说是一个极大的挑战。一点纰漏，都不可能逃过台下观众的眼睛，其难度之大可想而知，而吴广林过硬的台词功夫、形体功夫，准确的节奏把握，甚至整个人物情绪心态的定位，也都借着这段表演毫发毕现地表达出来。

正是借着吴广林这段生动的表演，我们清晰地理解了杨贵是谁，我们明白了他从哪里来，要到哪里去，他要做什么，他为什么要这么做，以及他这样做与他的个人性格特点、个人成长历史,以及那个时代之间的密切关系。如此的演法和处理,应该说是很冒险的,就是在已渐模式化的主旋律戏剧作品中,也是不多见的。

但是,观众们认可,认可这种公开的、群体性的人物动机开掘。在这段重要的戏份中,吴广林没有人为地拔高人物的动机,没有过多地展示他当时具有的高度"革命性"和"思想觉悟",而是从他与十年九旱、水贵如油的生存环境的抗争入手,从百姓单纯的生存渴望入手,从他想建功立业当人民英雄的心愿入手,去展示这一中原人优秀代表的气质与性格的。我欣喜地看到,这种令人耳目一新的视听形象塑造,在戏的开头就与观众迅速建立起了一种认同机制。

"较劲",或者说执着、刚烈,是杨贵一大性格特点。在展现这种性格特征时,吴广林发挥了自身表演气场强大、功力深厚的优势,设计了强烈、鲜明的形体动作,大开大合的节奏转换,伟岸、坚毅的外部造型,以及斩钉截铁、洪钟大吕般的音色。这既符合那个时代县委书记的身份,又呈现了作为一个领头人内心特有的焦虑和决心;既显示出浓郁的时代气息,又展现了表演者对那段生活和那个角色的深刻理解。

如果说经常挂在他嘴边的"自力更生,艰苦奋斗"还给人以耳熟能详感觉的话,那么,那句贯穿全剧始终的"不许讲客观,不许谈条件"的"死命令",则是独独属于杨贵的专用语。这是他对自己的刻意要求,也是他在那个特殊时段对别人的刻意要求。在剧作的开头、中间、结尾处,吴广林数次用或洪亮,或嘶哑,或细弱的嗓音喊出,凸显了那个时代的感觉和独特的"这一个"强者——一个尽力从物质、精神双重压力下站起来的强者,一个尽力从历史的误区和自身的渺小、软弱中挣脱出来的强者,一个人们期待中的真正的共产党人形象。

在营造时代感方面,吴广林不仅通过自身对人物性格外部形态的塑造和独特的发声方法来实现,而且注重在其内心刻画上的准确和生动。看《红旗渠》,令我动心的不仅仅是那段峥嵘岁月的艰苦,还有在艰苦中特别是在危急时刻人与人之间相互信任、相互依赖的那种关系,那种对于人的信心!这种时代精神,显然是剧中的人物所传递出来的。杨贵与副县长黄继昌之间,杨贵与调查组组长张光明之间的由误解到理解,到找到共鸣的双向过程,都具有切近的意义指向。也许,他们的关系,和当下现实中的烦琐和复杂相比,显得似乎有些简单,但这恰恰是那个时代的标记。

吴广林用他对那个时代、那段历史、那个人物的理解,为杨贵的扮演注入了丰富的信息量,使这部没有过多地着笔于那个时代的作品,通过杨贵这个人物和他身边那个群体传达出了时代的气息。

想起斯坦尼斯拉夫斯基对于表演境界的那段评价,觉得用在这里还比较合适:通过吴广林在《红旗渠》中的表演,"我们不仅看到了那个人物,还看到了伫立在人物背后的整个时代"。

二、大干部,小人物

逆向思维方式是吴广林成功塑造杨贵这一形象的秘诀所在。他没有沿袭戏剧舞台多年来塑造我党干部形象的一般路数,从好人好事的铺陈着手,而是刻意强调了这位县委书记作为普通人所具有的脆弱、粗暴甚至蛮横等心理和性格弱点,使人物和剧作呈现出浓重的悲剧性意味,从而打破了"高大全"的英模创作模式,不负众望地完成了一个有缺点、有性格、有智慧、有脾气、有血有肉、返璞归真的英雄形象,丰满而传神地表现了那个时代人物的精神风貌。

作为一个已经被极端符号化的干部形象,杨贵身上丰富的指向性如何挖掘,如何呈现,成为了对吴广林人生积累和艺术功力的最大考验。正是在这些方面,我们看到了这位表演者不瘟不火、游刃有余的恰切拿捏与处理。

在整个红旗渠的修建过程中,与杨贵的豪情壮志、与他的憧憬未来始终相伴的是他对这样一种做法的质疑。痛惜那么多人的牺牲,反思那个时代的症候,怀疑自己是否正确。一个经历过艰苦年代,饱受运动之苦,身上还隐藏着一些时代病症的县委书记形象,就是这样被吴广林表现出来的。

他的错误是明显的:工程一开始,从各村各户集中起来的农民就把路给堵死了;调整后重新开工,又因为战线太长造成了更大的牺牲;还没等喘过气来,个别人的告状信甚至引来了省委的调查组。

他觉得委屈。当省委派来的工作组专门来调查红旗渠工程问题时,他表面上和大伙儿一块儿接待,但内心满腹不解。会议刚散,他一把扯下会议室的红桌布,

话剧《红旗渠》剧照

左挥右舞，缠在自己身上，在禁锢自己身体的痛苦中倒在舞台上呻吟。

他胡乱猜疑。当人们把告密的责任推到副县长黄继昌身上时，他不问青红皂白地一通处理，但搞清楚了事实真相，又追上黄副县长送行，甚至用软弱的打斗和哭声来解决两个男人之间的诸多误会和重新理解。

他自我质问。当他赶到在修渠过程中因塌方而造成牺牲，而失去儿女的乡亲们那里时，正好碰到前来调查他修渠问题的工作组长。此时，他不仅没有阻拦工作组的调查，反而希望借着工作组的力量来检验一下林县人民对他这个县委书记如何评价。

失败的情怀和失败的感觉，自始至终与他的奋斗相伴随，这也许就是吴广林赋予杨贵"这一个"县委书记与其他干部的不同之处。而上述的每一个段落，除了独特的形体动作设计、独特的人物风貌和内心层次递进，最见功夫的是演员自身内心体验的表演技巧展示和对时代变迁中人物命运的认识与思考。这也许才是这些段落背后的心理依据和思想依据。

有人说,吴广林善于寻找自身与其他角色之间的反差,在这种对比与反差中产生人物自身的信息量;有人说,触类旁通的优秀悟性和表演天赋,使他将自己多年创作中形成的特有的个人气质带入历史人物之中,以气场替换气场,才显得质感别样,生动异常;也有人说,吴广林是个认真的人,每个动作都努力追求精绝,因而从出场到结尾,都展现出与众不同的人物质感。

这些都对,但是我认为最关键的是吴广林长期以来对精当、凝练的表演技巧的锤炼,尤其是多少年来对生活、艺术的深刻体悟,造就了他与其他人有所不同的艺术创作方法。"要想甜,加点盐"的道理谁都懂,但是把这个道理运用到自己的表演实践中来,却不是所有人都能做到的。

三、大追求,小处理

吴广林扮演的杨贵成功了。他成功的原因引起了人们的极大兴趣,人们开始关注工作之外有关他的一切。了解的结果却令人大跌眼镜——在生活中,他可不像舞台上他所扮演的那些英雄们那样,习惯于挺胸挥臂、叱咤风云,而是表现出诸多常人的性格与禀性。

同事说他是一个很"絮叨"的人——与艺术有关的事,他总是能找到与别人讨论的话题。不论是人物的外部动作设计,还是寻找人物行动线背后的情感线支撑,弄不明白的时候就问,问编剧,问导演,问同事,问领导,甚至吃饭、睡觉、聊天时都在问,问得人家有时一见他就想跑。

老婆说他"认死理"——迂腐。每次得到角色后,他总是把老婆孩子统统赶回娘家,把自己关起来一周不出门,琢磨角色,设计动作,揣摩心理,直到弄明白了才让家人回来。妻子好不容易回得家来,半夜里还总被"啊""啊"的叫喊声惊醒,原来吴广林半夜做梦都在背台词呢。

导演则说他像一辆好车,一点就着,一启动就是120迈,爆发力极强,随时点火,随时爆发,而且像奔驰般无声。不论是什么角色,只要交给他,得,那就放心吧。

说到《红旗渠》,吴广林自己总是激动地提起他还是20多岁时的下乡生活体验,抬石头,挖水渠,与当地百姓同吃同住同劳动的情形。他总是说自己根本不是

● 话剧《红旗渠》剧照

"努力"去演杨贵这个角色，展现某种技巧的，而是自然而然地融入角色，在一种角色附体的状态中完成人物塑造的。他说，刚接到任务的时候自己的第一感觉是"害怕"，因为话剧《红旗渠》与以往的写实剧不同，它不是简单的现实主义，它的情怀很大、格局很大，杨贵在戏中的戏份又很重，需要演员迸发的东西很多。"演了这么多场，我一直在调整，一直在领悟，越演越觉得我与杨贵精神相通。"

这也许就是他塑造的杨贵给人自然、饱满之感的原因。扮演杨贵岂是容易的？首先，这是真人真事，演他，就要让人相信，特别是得让至今健在的杨贵和他的家人相信你就是杨贵。其次，杨贵在红旗渠工程中的成长和变化，以及这种变化的过程和心路历程，需要去理解、体会和展示。另外，单纯像他还不行，还得演出杨贵的性格、人格和境界来。

但是，无论多难，吴广林还是成功了。这样一个有血有肉的公仆形象，充满时代感、身份感、特殊质感的人物被观众接受了。细细品味起来，这哪里是什么凤凰涅槃，分明来自他数十年坚持不懈的从细处着眼的历练和用心。《水上吉卜赛》一剧中守旧多疑的罗四辈,《公仆》中老黄牛般的焦裕禄,《太行山人》中刚正不阿的吴金印,《宣和画院》中世故正直的书画家李子信……这些戏码他都擅长,当然,擅长的背后,也一定是这些生活中点点滴滴的小处理。应该说是这些小处理帮助他完成了艺术上的大追求。

正如他自己所说,与许多自称当演员纯属偶然的那些人不同,早在20多岁时,他就发现了表演对自己不同寻常的意义。近年来,处在他这一年龄段的演员中,很多都已经丧了志,认了命,不再将自己当"角儿",也就真的不再是"角儿"了。可贵的是吴广林却不服老,不认命,不断提升自己的表演水平,以坚守和执着实现了自我,在每一部作品中都有明显的进步和变化,直至《红旗渠》的精彩纷呈,可谓老而弥坚。

很多人觉得,演技是种很虚无缥缈的东西,到达一定水准之后,不同演员完成剧作既定要求的程度差异其实不是很大。但是,好与坏,或者说平淡与有魅力之间的差异也许就在于,有的演员能赋予角色独一无二的标签式特质,让你真切相信这个角色除了他别人还真不行!这个大概就是所谓的气场吧。早年的李默然是这样,后来的濮存昕是这样,而现在的吴广林也是这样。

愿吴广林百尺竿头更进一步,向着更高更远的前方迈进。

酒是陈的香
——写在"吴广林表演艺术研讨会"召开之日

沈保平

"昨夜西风凋碧树,独上高楼,望尽天涯路……"这人生三种境界精辟概括之语由王国维《人间词话》所出,我却是第一次从广林口中听到,"保平,前两天我去俺大哥那儿,他说宋词里有人生三大境界:'……衣带渐宽终不悔,为伊消得人憔悴',受益匪浅啊"。那是20世纪70年代中期。随后我的桌上也多了几本《唐宋词举要》,逐渐熟悉了晏殊、柳永、辛弃疾这些名字。

我和吴广林是20世纪70年代初一批考入了河南省话剧团,同为河南省话剧团学员且一直相处至今的同事、朋友,如果一定要在前面加上定语,那我们俩就是志同道合的同事、无话不谈的朋友、最好的莫逆之交。

有道是:朋友如同美酒,年头越久越醇香。的确,我和广林都非常珍视彼此的友谊,而这友谊如同美酒,越久越香。如今我们见面常会小酌,酒至酣畅时,广林便会兴奋地告诉同桌的朋友:"保平我们俩几十年了,从没红过脸。"这听似简单的一句话,细想起来,得之又是多么不易啊!因这几十年跨越了两个世纪,经历了由"文化大革命"到拨乱反正、改革开放至今。沧海桑田,这期间政治形势起伏跌宕,社会

● 1973年吴广林(右)与沈保平(左)的合影

变革猝不及防,让人们对很多事情的认知恍惚、朦胧,犹如雾里看花。但我们俩的友谊凭借正直的为人,对是非认识的直感和一颗善良的心,经受住了一个又一个考验,并穿越了一个又一个十年。这期间有太多太多的事:有大是大非,有惊涛骇浪,有不眠之夜,有促膝长谈,有互励互勉。曾几何时,我们在省城的大街小巷散步,为探讨一个问题走上几个小时,为辨明一个是非在河坡堤岸坐到夜深人静,有彷徨、争论,有坚守、抉择,观点终归统一。随着岁月的流逝,我们如今已年近花甲,临近退休,而这莫逆之交的友谊就越发显得弥足珍贵。

广林身上有很多优点:他为人热情厚道,性格耿直开朗,事业上执着要强,他会为一句台词、一段戏彻夜不眠。我们俩一起在单身宿舍住了几年,常常是我一觉醒来后半夜了,他还没睡,还在想戏的处理,真有股子拗劲儿、犟劲儿。正是凭着这股子劲儿,他勤谨地思索,不懈地追求,多年来在话剧舞台和影视剧中塑造了众多生动的人物形象:电影《村官李天成》中的李天成、电视剧《冤家》中的春义等;更有舞台上鲜活的众多的人物形象:《焦裕禄》中的焦裕禄、《太行山人》中的吴金印、

《红旗渠》中的杨贵等。这些都展现了他丰富的艺术积累和深厚的表演功力,从而给观众奉献了血肉丰满的英雄人物形象,也给他带来了今日的殊荣,更为省话剧艺术中心夺得文华大奖及全国"五个一工程"奖立下头功。

"河南省艺术名家推介工程吴广林表演艺术研讨会"今天召开,这是他长期付出的收获与回报。作为一起成长的发小,作为最好的朋友,我为广林所取得的成就感到高兴,这种感受是由衷的,就像自己取得的成绩一样高兴,并分享着朋友的喜悦与快乐。40多年来我们正是因为有了这样的彼此鼓励与祝福,才有了舞台和影视的多次愉快合作:话剧《水上吉卜赛》中的罗四辈与石令宇、《太行山人》中的吴金印和崔县长、《宣和画院》中的李子信与廖桂云,电影《阮氏三雄》中的公孙胜与刘唐,电视剧《乱世妖后》中的晋武帝与贾充等。每一次合作都留下了令人难忘的经历和深深的回味。

值此"吴广林表演艺术研讨会"召开之时,我作为他最好的朋友,作为一个了解他的发小,不免在细想广林成功的秘诀。前些天他曾对我谈起了学习古琴的感受,"学古琴可得耐心,那音符要一个一个背下来,一个一个地弹拨,摸音准、习指法,一关一关地过,半点都急不得"。如今他已经能弹奏有相当难度的曲子了,并从中得到了克服一切困难的启发。广林这么多年正是靠着这种永不气馁的精神,"衣带渐宽终不悔"地去奋斗,终于走上了他事业的巅峰。他的追求亦必是"蓦然回首,那人却在灯火阑珊处"了。我们之间的友谊更是随着星移斗转,如陈年美酒越发醇厚芳香。今日不能亲临会场,谨以此文献上诚挚的祝贺与深深的祝福!

艺海求索　舞台骄子
——我认识的吴广林

宋丹平

感谢文化厅的领导和同志们给我这样的机会。参加今天这个会我非常高兴，为广林高兴，为河南话剧高兴！我们河南早该树一树广林了，他当之无愧是当今河南话剧表演的领军人物。我和广林是多年的老朋友，我们的友谊完全是建立在对语言艺术的共同爱好和追求上的。也许现在的年轻人听到这话会不屑一顾，嗤之以鼻。也难怪，在当今这物欲横流、急功近利的大环境下，还有几人追求文学艺术？但这绝不是作秀不是矫情，我们确实是为河南的话剧、广播剧及朗诵事业共同走过了30多年，努力了30多年。

河南的话剧是有特点有个性的，现实主义的创作方法是河南话剧的根。综观新中国成立以来河南话剧的发展历史，我认为有两座里程碑式的作品：一是《龙马精神》，二是《红旗渠》；河南话剧有两位现实主义导演艺术家：一是常耕民，二是李利宏；河南话剧有两位承前启后的男性表演艺术家：一是庞建民，二是吴广林。下面我谈一下对广林最深刻的两点印象。

● 话剧《希望之光》剧照(饰演包公)

一、天赋异禀

和广林相交已有 30 多年了,我们是艺术上的挚友、生活中的好兄弟。我始终认为广林是一位天生的好演员,上帝很眷顾他,给了他相貌堂堂的身材、极富穿透力的声音和良好准确的演员自我感觉。我们在艺术上有很多共同的认识、共同的观点。能有这样一位朋友是我一生的快事!

现实主义戏剧大师斯坦尼曾问 19 世纪意大利最伟大的表演艺术家萨尔文尼(歌剧《茶花女》主演):"决定一个演员成功的条件是什么?"萨尔文尼回答:"第一是声音,第二是声音,第三还是声音。"接着又问:"如果演员的声音不好该怎么办呢?"回答:"改行。"当然,这种说法有些绝对,但声音对于演员的重要性却是不言而喻的。广林就有一副得天独厚的好嗓子,有一副音域宽广、音色优美且极具表现力的好声音,他的音色是磁性十足的男中音,但他的音域却能轻松涵盖男高音,实在难得!广林还有一副作为话剧男主角必须具备的好身材和一张生动的脸,更有一个能准确控制表演情绪节奏的大脑和心脏,这确实是让我羡慕不已!演员的成功是很难的,但一个演员有天分再加上勤奋那就成功百分之八十了。广林就是这样一个有天分又勤奋的演员。我们经常在一起小聚,无论品茗还是小酌,席间谈的都是艺术,谈表演、谈朗诵、谈音乐、谈节奏……短则三五个小时,长则彻夜不眠。我是个话剧粉丝,省话剧院的戏看了不少,每次看完广林的演出,广林都要征求我的意见,尤其是批评意见,或是当面交流,或是电话交流,甚至是短信交流。去年,看完《红旗渠》的演出,我抑制不住喜悦的心情,广林还在舞台上谢幕就给他发了个短信:"表演炉火纯青,更上层楼,祝贺成功!"

说到广林的成功,我想不能不提广林的夫人赵虹。无论是在剧场、录音棚还是在排练场,广林夫妇总是成双成对,如影随形,吴夫人的一颦一笑、一怒一嗔都饱含着对丈夫的关怀和期许。她曾对我说:"我在家里什么都不让他管,只希望他演好戏,艺术上进步成功!"赵虹也是一位很有个性的好演员,这种夫唱妇随艺术伴侣式的夫妻组合当是广林成功的重要动力和基础。

二、德艺双馨

广林在艺术上涉猎很广,电影、电视剧、广播剧、朗诵、声乐、戏曲等,他都喜欢,而且玩儿得有模有样。他这种艺海求索、艺海拾贝的精神,成就了他终成话剧舞台骄子的正果,也是值得每一个青年演员认真借鉴学习的。

广林在我导演的广播连续剧《追踪乌啸边》里担任角色并首获我省最佳男演员奖。须知广播剧完全是通过语言来塑造人物的,这充分显示了广林扎实的台词基本功和深厚的语言功力。广林的声音可塑性极强,无论正反面人物还是青壮年或老年角色,他演来都得心应手,惟妙惟肖。这得益于他正确的学习和体验所形成的准确的自我感觉,这种自我感觉也就是自我能够随时调整和自我使之完成戏剧规定情景所赋予角色的最高任务,这也是现实主义戏剧大师斯坦尼斯拉夫斯基对演员的最高要求。广林做到了,而且做得很好。

从20世纪80年代的广播剧《山中,那十九座坟茔》《白居易》到最近的《我的父老乡亲》,在这30年里,我和广林至少合作了20部广播剧。可以说,广林同志为河南广播剧事业的繁荣发展做出了突出的贡献。众所周知,话剧和广播剧是最相近的戏剧形式,都是靠台词和语言塑造人物的,不同的是话剧表演声形兼备而广播剧却是有声无形的,这就要求搞广播剧的人要耐得住寂寞,守得住清贫,因为想靠广播剧出名发财是完全不可能的。在上个世纪网络媒体没有出现以前,广播剧曾发挥过短平快的宣传作用,现在欧美等国家也还有广播剧,但都不太景气,大概中宣部把广播剧列入"五个一工程"奖也有抢救的意思吧。广播剧是一种不起眼的艺术形式,但广林兄弟没有嫌弃它,当需要广林的时候,只要他在家,一个电话准到,从不推托,从不讲价钱,排练时认认真真,录音时兢兢业业,没有一点大演员的架子。

我和广林经常谈到要"清清白白做人,认认真真演戏",一个龌龊的心灵一定会在他的外在气质上顽固表现出来的,只有堂堂正正做好人,才能堂堂正正演好戏。广林就是这样一位堂堂正正的话剧表演艺术家。我的徒弟曾问过我:"您和广林老师在一起总是那么和谐,真的没有过矛盾?"我也试图找到一些矛盾,让我们的友谊显得更真实更丰满,可我从我们相识30年到合作过的20部戏一点一点地回忆,还真没有一点儿不愉快的事情发生。我们在一起真的就是那么和谐,那么愉快,还有点儿互相欣赏。

因为工作关系,我接触过不少外省的话剧演员,我可以毫不夸张地说:广林是一流的,河南省话剧也是一流的。我们的话剧在全国拿大奖是实至名归的,是理所当然的。相信我们河南的话剧明天会更好!祝福广林,祝福河南话剧!

河南的吴广林和他的电视剧表演艺术

都 晓

非常荣幸,能在这样一个正式的场合总结研讨我的好朋友好兄弟吴广林的表演艺术。虽然近些年吴广林更多的是在话剧舞台上取得了非凡的成绩,但是作为20世纪90年代就跟他合作过的电视剧导演,我觉得吴广林在电视剧表演上也是有很深的造诣,更是独树一帜的。尤其是在弘扬河南文化的电视剧表演艺术中,吴广林的表演具有代表性。

中国地大物博,正是因为有不同的地域文化才构成了博大深厚的中国文化。所谓地方风韵、地方味儿,实际上就是指在长期文化积淀的基础上所形成的带有传统特色的地域性心态、意识、情趣、方式和地域性的行为模式。从电视剧发展史中也不难看出,凡是那些受人瞩目、思想艺术都有特色的作品,大都和鲜明的地域文化风貌有关。作为土生土长的河南人,河南这块土地培养出来的导演,多年来我一直不遗余力地致力于反映河南文化、河南人民精神的原创电视剧创作。我的第一部电视剧《颍河故事》,男主角就是吴广林。和吴广林认识是因为戏剧而结缘,最早看他的戏剧表演,就被他那种特别朴实、特别真挚、特别憨厚又特别执着的精神

● 电视连续剧《颍河故事》剧照(饰演王连升)

所感动。记得第一次看他的戏剧表演,那种真情投入的感觉给我留下很深的印象。所以,我在拍我的第一部电视剧时,就选吴广林做男一号。一个优秀的演员首先要有特别好的生活功底,要热爱生活、深入生活、懂得生活、体验生活、理解生活,还要升华生活;要用他的心去和生活交流,而不是简单地模仿生活;要把自己对生活的感受和他饰演的角色融合在一起,产生艺术冲动,塑造新的角色。在与吴广林的合作中,我经常被他深厚的生活底蕴所打动。吴广林在长期的表演中,非常努力把自己和现实生活无限贴近,让人觉得他是典型的河南汉子。如果提到河南的戏剧,你的脑海中没有吴广林,你便没有具体的形象。只有想到他,才能深刻地感知河南文化、河南戏剧是什么样的。吴广林所有表演都能从现实生活中找到基础。塑造过很多河南农民形象的他,背后有着浓郁的乡土气息,这使得他非常准确地、鲜明地、生动地演绎了河南农民形象。我知道的吴广林最早出演的电视剧是《唢呐情话》,他把一部河南农民逃难的历史演绎得非常生动和真实。从那部戏开始,吴广林吹唢呐的形象开始走向中国电视剧舞台。

后来我在拍《颖河故事》的时候再次把吴广林推向了唢呐王的位置。我觉得只有他才能把唢呐吹得惊天动地,吹得让人可信,吹出河南乡土的味道。记得当年在黄河边上拍吹唢呐戏拍了三天,为了让戏好看热闹,调动了当地二三百个农民。吴广林把一个生活在黄河边上,从小失去父亲,在母亲溺爱中长大,一辈子的命运被母亲掌握在手里的外强内弱的农民形象表现得淋漓尽致。在黄河边上吹唢呐的时候,为了战胜对方,而对方是个女的,他拿出所有绝招,吹得惊天动地,荡气回肠,本来他是可以赢的,但是他输了,却赢得了一场爱情。由于他母亲以爱禁锢住了他的爱,所以当他遇到了同样吹唢呐的麦玲的时候,他无法自由地表达自己的感情,他将所有痛苦压在心里,只能听从母亲对他生活的安排。在剧中,他快乐的时候用唢呐表现,悲伤的时候也是用唢呐表现。当爱情失败后,在一个残月的夜晚,他一个人坐在麦秸堆上。当时谈这场戏的时候,吴广林跟我交流,我设计的是坐在麦秸堆上用唢呐轻轻地倾诉,而吴广林说:导演,我能不能冲着天吹,把所有难受的情绪都爆发出来?我觉得他的意见特别好,然后现场拍的时候,他仰天的一声呐喊似的唢呐,一声凄凉的长长的唢呐,吹得整个村庄都颤抖,吹得所有人的心都碎了。播出的时候把观众的心也都吹碎了,吴广林这种具有爆发力的表演,可以称得上当之无愧的唢呐王。在跟他的几次合作中,吴广林每一次在情感点上都抓得特别准,而且他也是非常注重细节的人,每一个小道具,他都有自己的设计。所以,吴广林的身上具有艺术家的气质,而且他塑造人物的能力非常强。第二次合作是在我的电视剧《难忘岁月——红旗渠故事》中,我请他出演老大。老大是一个憨厚、朴实、宽容的男人,肩负家庭重担,吴广林把一个最具有传统美德的仁义礼孝的河南汉子演绎得非常成功。

虽然后来他在话剧中也塑造过很多优秀的农民形象,但是在电视剧艺术中,吴广林可以说留下了他独有的足迹,给现在想要准确表现河南文化、塑造河南形象的电视剧创作提供了优秀的典范。

广林，祝贺你！

庞建民　郭　怡

据《郑州日报》2014年11月10日报道：河南艺术名家推介工程吴广林表演艺术研讨会在郑州举行。与会者有中国话剧研究会会长蔺永钧、中国现代戏剧研究会会长姚欣、中国艺术研究所所长刘彦君，以及甘肃、浙江话剧院团负责人，省内知名艺术家李树建、李利宏等人。如此规模之大，层面之广，层次之高，是河南省话剧院成立60年来史无前例的。广林，你是我省第一位获此殊荣的话剧演员。为此，我们两个话剧老兵郭怡、庞建民向你致以热烈的祝贺！

广林，你的表演魅力还在于塑造了中原人民敦厚质朴的心胸、旷达刚毅的性格，塑造了舞台上的一位既真实又平凡的县委书记。在以往的演出中，有些演员有一副好嗓门，声音动听但不动情，满口的舞台腔调但缺乏内涵，而广林从没有满足于自己厚重的音质、清纯的音色，而是充分利用其优势，精心处理人物的台词，把人物演活了！如第九场的杨贵，当被上级误解错判时，如大山压顶！这时广林的语言处理，像万丈瀑布，把压在内心多年的苦衷和忧愤一泻千里！加之导演浪漫大气的风驰电掣般的撕拉桌布的处理，让主人公的情感宣泄得淋漓尽致。一个从不向

● 电影《狗头金》剧照（饰演大树）

灾难低头的男子汉，在他的上级领导面前，憋屈地洒下了一个大丈夫的泪水……真像一曲悲壮的交响乐，好听啊！让观众听之悦耳，心灵震撼！话剧没有音乐伴奏，而话剧语言的音乐感和跌宕起伏同样胜似有伴奏的乐曲。也正如与会的戏剧家、评论家赞扬的：有炉火纯青的表演功力，塑造人物心动合一、相互附体的艺术风格，为河南戏剧丰富了人物画廊，为中原文化做出了贡献。这种评价，恰如其分。广林啊！过去的一切不会再来，让我们重新开始，再创辉煌！

"拗蛋"广林

杨 林

排《红旗渠》之前,我知道广林这个人,也看过他演的戏,但没和他打过交道,不熟悉。后来,因戏结缘,才逐渐有了接触。我对广林的第一印象:说话太絮叨,像车轱辘转圈儿,来来回回,啰啰唆唆,没完没了。这让我很意外。

随着接触增多,我很快就发现他还有另一个特点:认死理儿!遇事儿爱掰扯,爱争辩。针头线脑大小的事儿,也要里外掰扯,不闹个"一佛升天,二佛出世"决不罢休;小葱豆腐一样青白的理儿,他也会揉来搓去,拿出"老鳖咬住脚后跟儿"的架势,星星不出来决不会松口。就这性格,文雅点说叫"执着",通俗点讲是"较真儿",再通俗点就是"拗蛋"(河南方言,形容人脾气犟,与众人意见不一致,顽固不化不听人劝。——编者注)——而且"拗"得还不轻。当时,我确实很为广林媳妇犯愁:她这几十年是咋熬过来的?

随着话剧《红旗渠》排练的越来越深入,我与广林在一起的机会也越来越多,和他聊天的机会也越来越多了。慢慢地,我倒是发现了一个规律。他爱絮叨的话题,有挑拣,大多与话剧表演有关;能让他较真儿的事情,有范围,基本上离不开

● 话剧《红旗渠》剧照

《红旗渠》。有一天，我把这一发现惊奇地告诉给了李利宏，孰料利宏不以为然，反倒问我："这有啥稀罕的？"接着他说："吴广林就一'戏痴'，他要跟你聊别的，那就不是吴广林啦！"当时，利宏这话说得几乎掷地有声，貌似不容置疑，反倒让我有点儿生疑，于是，我又去询问建国、守志这几个和广林一起长大的同学。他们的回答也几乎一致："广林这货，他就一'戏虫'，除了琢磨演戏，他不想别啥。"接着，有人向我介绍，话剧《红旗渠》上演之后，受到了各界广泛关注，收到的方方面面的意见也很多。作为主演，吴广林需要琢磨，需要消化。为了不被打扰，吴广林这货，竟然把老婆、孩子撵回了洛阳老家。他关门闭户，与世隔绝，以古琴、茶、酒为伴，整整一个星期，就为琢磨一个"戏"字。霎时间，我惊叹，这活脱脱就一当代"隐士"啊！没想到，广林的爱人赵虹倒很干脆，直截了当地反驳我："啥隐士？神经蛋！俺广林一遇到戏，那算彻底迷了，半夜做梦都是背词儿念词儿，吵闹得一家人睡不成。"坐在一旁的吴广林听了，呵呵一笑，用标准的开封口音说："一点不差，就是这。"

当面听别人数落自己的短儿，还能乐呵呵地接受、承认，当时我就觉得，广林这"拗蛋"还挺可爱！

的确，随着越来越熟悉，我也越来越觉得，吴广林虽然很"拗蛋"，却也是非分明。自己错了，会絮絮叨叨地承认；得别人好儿了，他也会反反复复地念叨。在当下这个时代，能这样"拗蛋"的人，还真不多见了。所以，慢慢地我倒是有几分喜欢上了广林的絮叨，喜欢上了他的较真儿，当然也喜欢上了他的执拗。更何况，广林絮叨的话题里，还有几个是夸我的哟。每次见我，他经常絮叨的大概是这几件事儿：

一、他经常夸我，夸我能说出"舍形取义"这样有水平的话。起因是《红旗渠》排练之初，他就人物形象塑造和表演风格的问题，一口气和我絮叨了很久，而且还一而再、再而三地征询我的意见。我被问得急了，便拿出"舍形取义"这四个字来应付。记得当时他听了，表情有点发蒙，长长地嗯了一声，就坐到一旁，拧着眉头沉思去了。幸亏他没再追问，他若继续追问，我也发蒙。用"舍形取义"解释戏曲表演，我可以虚说，也可以举例，可具体到话剧表演怎么个"舍形取义"，那我可就不懂了。不过，看广林《红旗渠》中的表演，他是真的对"舍形取义"有过思考，也似乎抓住了那么一点儿意思。例如，与工作组初次交锋那场戏里，广林扮演的杨贵情急之时，掀起桌布、披在身上、匍匐于地、深情诉说的一系列动作处理，如果对照生活逻辑，它根本不能成立。仅此一点，广林从内心如不接受，他一准跟你拗个天昏地暗。现在广林不但接受了，而且还进行了近乎完美的体现，那就说明他的表演思维已经发生了根本性的变化。11月8日，吴广林表演艺术研讨会在郑州召开，与会的北京专家和河南本土理论家们，针对广林在话剧《红旗渠》中的表演，不约而同地都谈到了"体现"和"表现"的问题。人家一致感觉，广林的表演似乎已经进入了非此非彼、似是而非的状态。仔细回味广林在《红旗渠》中的表演，许多地方一经处理已经跨越了生活的形似，而注重去刻画意境的神似，从而达到了一种自由的甚至是随心所欲的表演境界。这样的表演好不好，我不敢说，但我敢说，它绝对适合"这一个"！因为，它与话剧《红旗渠》的整体风格最吻合。能有这样的结果，首先归功于广林的天赋，其次应该归功于他的善悟、执着——也就是"拗蛋"性格。广林反反复复地对我絮叨此事，我分析，在他心里分明是要把这个功劳记在我的身上的。承人情，记人好，一就是一，二就是二，标准的"拗蛋"本质。

二、他反复絮叨，说他想改我的剧本竟然改不了。具体哪场戏，我记不清了。总

● 话剧《红旗渠》剧照

之就是说,他觉得我的台词写得不好,便正式地向导演提出要自己动手改。据说,导演同意了,他也重新写了,甚至都开始背词儿了,背来背去,他又正式报告导演不改了。其实,时下的戏剧界,特别是影视界,导演改剧本现象很普遍,演员改剧本照样也普遍。相比之下,广林根本没有必要向我絮叨,而且还绘声绘色地一遍遍描绘,他如何把两个版本摆在枕头两侧,背一遍这个,再背一遍那个,对比着背来背去,最后得出一个结论:杨林的剧词你改不了,改了感觉就不对了!其实,他完全没有必要这样。他完全可以提都不跟我提。他不提,我就不会知道。他这样反反复复地提,等于在揭自己的短儿,而且是一次又一次地揭。然而,只有这样做,才符合广林的"拗蛋"性格。无论对错,只认事实,不藏不掖,心地坦然,也许,这也是"拗蛋"本质的一个方面吧。

2011年7月29日,话剧《红旗渠》在"香玉大舞台"首场演出。戏一结束,吴广林便朝我追赶过来。他妆还没卸,服装也没顾上脱,脸上的汗水还在滴答地淌,一口一口地喘着粗气问我啥感觉。我一把将他推出三步之外,恭恭敬敬地作了三个

"拗蛋"广林 ········ 153

揖,鞠了三个躬,说了一句话:"你,已经把杨林的杨贵化成了吴广林的杨贵。"我清楚地记得,广林听了这句话,狠狠地吸了一口烟,高高地将头抬起,朝着那浩瀚的夜空,长长地喷吐出一口烟气!当时,我心里一激灵,看这牛气哄哄的架势,吴广林分明是要大火呀!

自从话剧《红旗渠》上演以来,广林和我通电话,第一句话他必定说:"杨林同志,你好!"我也必定用普通话回复:"杨贵同志,你好!"听上去像是对台词儿,但在我心里,绝没有一丝一毫玩笑的意思。说不清为什么,我就想这样称呼他,也只能这样称呼他,就像广林说改我的剧词那样,改了,感觉就不对了!或许,在我的潜意识中,真的已经把吴广林和我心目中的那个杨贵合二为一了!

情况不知道是从哪天发生变化的。广林打我电话,不再使用普通话,直接地喊我杨林。我也不再喊他杨贵同志,而是称呼他广林兄。一切都在无意识的状态下发生着变化。等我意识到的时候,我心中也伴随着蹦出一个闪念:或许,在广林和我的潜意识中,已经让话剧《红旗渠》悄悄地变成了过去时。我和他改变称呼,或许是意味着在把曾经的辉煌忘记,或许也意味着我们提醒自己,该去为未来的辉煌努力了!

最后,再说两句话。

第一句跟广林说,你因为"拗蛋"才可爱!

第二句对河南省话剧院的朋友们说。有不少话剧圈里的人说,《红旗渠》让某某剧院来演,一定会比现在好。我每次的答案都是一样,再大的剧院也无法代替河南省话剧院,因为他们演出的《红旗渠》,是真正的"这一个"!

国家一级演员吴广林访谈

陈 鹏

2013年10月26日第十届中国艺术节在青岛圆满地落下了帷幕,河南省话剧院的大型话剧《红旗渠》名列话剧组榜首,喜得文华大奖。

"昨晚看了一出震撼人心灵的好戏,好久没有看过这样令人动情的优秀剧目了。"

"我认为这出戏是再现遥远,震撼今天。"

"《红旗渠》堪称是一部历史剧。剧中人物众多,气势宏大……"

"话剧《红旗渠》震撼心灵、振奋精神,是当今戏剧舞台难得的艺术作品。观看《红旗渠》,感受到了艺术精品带来的难得的心灵激荡,犹如一泓清水滋润了心田,感受到了艺术给人的精神享受。"

"《红旗渠》演出气势恢宏而又细节灵动,细节丰富真实而又富于假定性和雕塑感,表演激情澎湃,生动感人……"

"《红旗渠》仿佛横空出世,事先并无预兆,也没有太强烈的预期,但是看完演出的确有点惊讶,尤其在今年,主旋律戏剧的作品集中,时间匆忙,艺术上有个性有高度的作品并不是很多，《红旗渠》可谓凤毛麟角。"

"这个演出非常好，非常精彩，感谢河南省话剧院的同志们，用你们多年的心血为我们献上了一部非常优秀的剧目，让大家能够领略到现代话剧艺术的精彩，展示了我们文艺界和话剧演员的一种精神，展示了我们文艺界特别是话剧界精彩的、高超的艺术水平。"

《红旗渠》从2011年7月第一次公演，到2013年10月这次在第十届中国艺术节获得文华大奖以来，每一次演出都会受到媒体的关注报道，都会受到领导、专家和观众们高度而热烈的赞扬。从这些关注报道和赞扬声中，我看到大家说得最多、感慨最多的就是《红旗渠》舞台艺术呈现的出人意料、艺术感染力的震撼人心。这部剧中的主人公杨贵，无疑是最吸引大家眼球的，杨贵的扮演者吴广林老师是一位表演艺术家，他在生活中是怎样的？他在创作"杨贵"这个人物时又是怎么做怎么想的呢？带着这些疑问，我叩响了吴广林老师的家门……

采访人：广林老师，您好。看了《红旗渠》后，很多观众和专家都对您在剧中的表演赞叹不已，有很多朋友向我打听您的情况，能否先跟我们说一下您是怎样走上艺术道路的？

吴广林：说到怎么走上艺术道路的，其实也没什么特殊的原因。我小时候生活在开封，虽然是学校的文艺积极分子，但从没看过话剧，家里也没条件看，根本不知道话剧是怎么回事。1973年，也就是为了找个工作，给家里减轻生活负担，当时我家一大家子人只靠父亲一个人的工资过活。这年正赶上河南省话剧团——现在叫河南省话剧艺术中心了——在开封招收学员。我看到学员包分配还有工资，也没和父母商量，就报名参加了考试。记得当时考了朗诵和小品，可能因为我在学校是文艺活动积极分子的缘故，考试很顺利就通过了。

采访人：您父母应该很高兴吧。

吴广林：其实，我接到通知书后，在出发去郑州的前一天，先跟同学和朋友们告了别，晚上回到家，见到我父亲，才跟父亲说，爸，我考到河南省话剧团（单位当时的名称）了，毕业后包分配有工资。父亲当时很惊讶，有点不相信。我说你看，这才拿出录取通知书。父亲看了后，也就同意了。再往后的情况就记不清了，只记得早晨五六点钟，我的几个姨就坐在家里等着，我母亲赶早出去在商店开门的第一

● 话剧《红旗渠》剧照

时间，买回来了好多棉花和布。大家三下五除二，给我缝了新的被子和褥子，缝好后，一打卷包扎好。我背着就到了火车站，坐上火车就到了郑州的河南省话剧团。还记得当时接我来的是郭子良老师。

采访人：原来这样。

吴广林：是呀，就是这样，我开始了自己的演员生涯。也许很偶然，也许是天注定？呵呵，我也说不清。

采访人：广林老师，自从我国改革开放的新时期以来，您出演了很多的话剧和影视作品，获得过第七届中国话剧金狮奖优秀表演奖，中国话剧振兴奖，河南省第二、三、七届戏剧大赛个人表演奖，第四届黄河戏剧奖表演一等奖，以及飞天奖、金鹰奖、"五个一工程"奖等大奖，还被聘为中国话剧艺术研究会表演艺术委员会委员。您在河南省话剧院排练主演了多部话剧，有《水上吉卜赛》《公仆》《太行山人》《宣和画院》《红旗渠》等。这其中，《宣和画院》在河南省2008年的戏剧大赛中获得金奖，这是河南省话剧院零的突破，2011年《红旗渠》又一次在河南省戏剧大赛中

● 话剧《红旗渠》剧照

获得了金奖,并于2013年10月在山东青岛获得了第十届中国艺术节文华大奖,并且是话剧组的榜首,您个人获优秀表演奖(话剧类第一名)。您能不能从艺术风格方面跟我介绍一下这两部戏?

吴广林:这两部戏的获奖,从编剧、导演到舞美、演员,可以说都是很成功的。但在艺术风格上是迥然不同的。用导演李利宏的话说就是,《宣和画院》是一杯清茶,是一幅清新细致的工笔画;《红旗渠》是一杯烈酒,是一幅浓墨重彩的泼墨大写意。

采访人:如此不同的风格,作为两部戏的男主演,您在创作角色的过程中,有什么不同的感觉?有没有碰到过什么困难?

吴广林:这两部戏从角色创作的角度来说,《宣和画院》相对容易些。按照这部戏的艺术风格,我可以从《茶馆》《北京人》中那些老前辈们的表演里有所借鉴。在《宣和画院》的排练过程中,我需要解决的问题是一个在表演方面最基本的问题,许多同志也都存在这个问题,那就是真听、真看、真感受!这个表演的基础问题一般在学表演的第一课就会讲到,虽然是基础,但要把它做好却要下很大功夫,甚至是一个演员一辈子都要重视的问题。我们河南省话剧院和全国的院团一样,一直经受着当代影视、网络和经济大潮的巨大冲击,演出很少,因此在这个最基础也是最重要的问题上,就缺乏磨炼,甚至生疏了许多。《宣和画院》排练了 7 个月,很艰苦,好在排练完成后,得到了领导、专家和观众的认可、喜爱,很多同志都在解决这个问题过程中有了收获和突破,当然也包括我。现在回想起来,那 7 个月的艰苦排练,不仅仅解决了我和很多同志真听、真看、真感受的问题,更为我后来《红旗渠》的排练打下了深厚的基础。

采访人: "红旗渠"是一个老题材,河南省话剧院重新创作这部戏,从剧本创作开始就和以往有很大的不同,导演在舞台呈现上采用了极独特的表现形式,在美学上有独特的定位。记得导演有一段这样的论述:"这是一壶烈酒,呛人,噎喉咙,壮胆,添豪情。你可以不喜欢,也可以不喝,但绝不可以为了让不想喝的人也喜欢而去兑水。"这对于您创作杨贵是不是也是一个新的挑战?

吴广林: 我从事话剧事业 40 年,大大小小的角色演过不少。话剧《红旗渠》是我碰到的最难演的一部戏,就像你刚才说的,导演对这个戏有独特的美学追求,采用了独特的表现形式,在表演上对演员的要求是真实、强烈,要像一杯高度的烈酒,让人一入口就能闷住、噎住!就像在太行山中一样,打开窗户就是满当当迎面而来的巍峨山壁,要给观众这种冲击力和感染力。如何在舞台上做到这点,在我的表演生涯中,甚至在中国的话剧舞台上是一个崭新的课题,没有任何借鉴,没有任何成功的范例供我参考。杨贵这个角色,在剧中戏份之大、台词之多,超过我以往任何一部戏,且不说表演成功与否,在体力上能不能拿下对我来说就是一个挑战。我曾有一次和编剧杨林开玩笑说,"我是又爱你又恨你呀"。

导演在表演上要求演员高声大腔,不要柔声细语;在情感表达上要求情感发展的过程要快,要迅速,要一步到位,不要拖泥带水;形体动作要有"范儿",要放大,而不要那种"纯生活"的表演状态。这就是话剧《红旗渠》的风格样式。俗话说,"头三脚难踢""万事开头难"。第一场戏是关键,它是全剧的基调。第一场一开始是杨贵一个人长达几分钟充满豪情的一大段独白。我经过不断摸索,在处理这段台词时,把大段台词团成团儿,想到哪儿说到哪儿,甚至不分逗号、句号一气呵成,就像巍巍太行山扑面而来,气势夺人。这既避免了冗长拖沓,又加大了信息量。在形体动作上采用"巴顿式"下跪、撩大衣、甩大衣及大幅度的舞台调度。这既体现了舞台的整体节奏,又表现了主人公的豪气、帅气、霸气,同时也展现了杨贵"重新安排林县河山"的气魄和胆略。观众瞬间安静下来,被这种精神打动,被舞台上的人和事深深地吸引。就这样,每一句台词,每一个舞台动作,我都要尝试各种表演方法、处理方式,以适应导演李利宏所确立的《红旗渠》的风格。好在导演在舞台调度方面,以及舞台美术和服装等各方面,给演员提供了诸多的表现手段和表现空间。比如在第七场,导演专门设计了杨贵要把 7 米长的红色桌布一下子扯飞起来,再缓缓地裹在肩上,随着情感迸发,猛然站起把桌布奋力抛向空中。这一连串动作处理把这场戏推向高潮,观众看到这里总是含泪报以热烈的掌声,直呼震撼、过瘾。还有在服装设计方面,色彩上突出了岩石感,衣服和裤子都是宽大、厚重的,因此在舞台上的一举一动,都要比平时放大许多、快速许多,无形中体现出了林县人憨直硬朗的性格特征。就是这样,我利用自己以前的积累,利用导演赋予演员的各种手段,才最终创造出了现在舞台上的杨贵。

采访人:广林老师,您的创造非常成功,观众们也都非常喜爱。《宣和画院》和《红旗渠》的排练,前者用时 7 个月,后者用时 4 个月,尤其是《宣和画院》,当时每月只有几百块钱的工资,因为要排戏又不能在外边干别的活,排练厅还没有空调,夏天闷热,冬天冻得伸不出手。当时是怎么坚持下来的?

吴广林:几百块钱工资,我们在河南省话剧院拿了快 20 年。2008 年开始排练的《宣和画院》,2010 年,河南省委书记卢展工在河南文化艺术界调研后,我们的工资问题才得到了根本的解决,文艺界才得到资金和政策上的大力扶持。说到这之前的情况,真的是很艰苦,我们的排练厅是个简易的排练厅,通风、光照都很差。夏天闷热时,衣服一天要换两三次,有时候我就光着膀子排练;冬天冷的时候,台上排练,台下的同志都穿着大衣、羽绒服,边跺脚取暖边观看排练、准备角色。卢书记在文艺界调研后,排练厅添了两台空调,这才极大地改善了我们的排练环境。说到我是怎么坚持下来的,那就是热爱,和我刚考上河南省话剧团时的懵懂不同,我是真的热爱舞台艺术,热爱表演,热爱这个事业。话剧确实能唤起观众的良知,唤起观众的热情,唤起观众对美的追求和享受,由这种热爱又生发出了一种不甘心,不甘心话剧事业的被边缘化,不甘心话剧事业不被广大观众欣赏、接受和认可,不甘心从事了一辈子的事业、这么一个很好的艺术门类在经济大潮中被淹没。剧组大部分同志都有这种想法、这种情怀。因此在大家的共同努力下,在单位上上下下老少爷们儿的齐心协力下,才有了《宣和画院》的成功,才有了《红旗渠》在全国十几个省市的热演,才最终赢得了全国各地观众、专家的掌声和欢呼声。希望更多的观众能够走进剧场,能够喜欢和支持话剧!

采访人:谢谢吴老师接受我的采访,更谢谢吴老师为话剧事业付出的努力和汗水,谢谢河南省话剧艺术中心的艺术家们给我们广大观众奉上的连台好戏!

走出吴广林老师的家门,我感慨万千。感慨他对话剧事业的热爱和执着,感慨他在困境中的奋斗,更感慨一位表演艺术家精湛演技的来之不易。就像吴广林老师说的那样,走上艺术道路也许是偶然,也许是天意,但他的成就却离不开他的执着、坚持和锲而不舍的追求。偶然、天意、执着、坚持、追求……所有这些,造就了吴广林老师成功的艺术人生,造就了话剧《红旗渠》,也造就了河南省话剧艺术中心这个集体。我期待着能看到他们创作演出更多的好戏。

吴广林表演艺术研讨会纪要

时间：2014年11月8日下午

地点：郑州宝福来国际酒店

出席研讨会的领导和专家有：

河南省文化厅党组书记、厅长杨丽萍；

中共河南省委宣传部文艺处副处长张邺；

国务院参事室特约研究员，中国话剧艺术研究会会长，文化部艺术司原副司长、巡视员蔺永钧；

文化部艺术局原副局长、巡视员，中国现代戏研究会会长姚欣；

中国艺术研究院话剧研究所所长刘彦君；

甘肃省话剧院院长朱衡；

兰州儿童艺术剧院院长杜林宏；

浙江省话剧团团长王文龙；

● 吴广林表演艺术研讨会现场

长江人民艺术剧院院长夏晓华；

长江人民艺术剧院副院长贾先银；

长江人民艺术剧院副院长王国强；

长江人民艺术剧院演艺中心主任庞磊；

河南省政协委员、河南省文化厅原巡视员董文建；

安阳市人大常委会原主任李发军；

中国剧协副主席、河南省文联副主席、河南省剧协主席、河南豫剧院院长、著名豫剧表演艺术家李树建；

河南省文化艺术研究院院长、一级导演李利宏；

河南省文联副主席、河南省音协副主席兼秘书长、一级作曲李仲党；

河南省剧协副主席、秘书长、著名剧作家陈涌泉；

河南省文化艺术研究院研究员、河南文艺评论家协会副主席刘景亮；

河南省文化艺术研究院原副院长、著名戏剧评论家谭静波；

河南省文化艺术研究院著名编剧杨守林；

河南省文化艺术研究院原书记侯耀忠；

郑州市文广新局调研员、著名导演黄海碧；

河南电视台著名导演焦晓军；

著名表演艺术家金世驯；

《河南科技报》主编、河南省豫剧一团原团长王信军；

河南人民广播电台精品创作部副主任宋丹平；

《河南日报》文体部主任张鲜明；

焦作市艺术研究所副所长、著名编剧杨林；

河南大学艺术学院戏剧分院院长王凯歌；

河南省文化厅人事教育科技处处长秦曙光；

河南省文化厅艺术处处长闫敬彩；

河南省文化厅艺术处副处长解冬；

河南省曲剧艺术传承保护中心主任孟祥礼；

河南豫剧院豫剧二团团长丁建英；

河南省京剧艺术中心主任赵丽；

河南省文化艺术研究院党委书记师东坡；

河南省话剧艺术中心主任赵新宝；

河南省话剧艺术中心书记张欣；

河南省话剧艺术中心副主任赵虹；

河南省话剧艺术中心副主任任毅。

姚欣（文化部艺术局原副局长、巡视员，中国现代戏研究会会长）

广林同志，我知道他是19岁从开封考上省话剧院的，几十年来非常执着于话剧艺术，塑造了一系列优秀的艺术形象，是个德艺双馨的出色的艺术家，对于他的艺术加以总结，这是非常好的事情。我看过他的《宣和画院》，看过他的《红旗渠》，他每一个戏都有自己的创造，他在学习、继承和创新的过程中来塑造形象，来实现

● 姚欣发言

他在每一个戏、每一个人物不同特点上的超越,他学习艺术不为名利,这种精神,这种德艺双馨的精神,在话剧界、在戏剧界都是非常难得的,所以我向吴广林同志表示衷心的祝贺。

我想说的第二点,我们经常说办剧团要出人出戏,文化厅这些年就是这样做的,当然具体到艺术上往往是以戏带人。对年轻人来说,那是培养人才,出人出戏。以戏曲为例,相当一批年轻人学老师的戏学得很像,那是很好的,但是老演老师的戏,很难成为一个优秀的艺术家,更不可能发展成流派。所以从某种意义上说无论戏曲还是话剧,演员到了一定程度就要搞新戏、原创,在继承老师、继承前辈的基础上有自己独特的东西、独特的贡献。树建就是这样,所以,你们第一个推荐的演员就是树建。演员要没有自己的原创剧目,很难在原来基础上突破一步,很难在老师的基础上突破一步,而广林在《红旗渠》中突破了前辈的表演艺术,成为当之无愧的艺术家。从这个意义上说,我充分赞成、充分赞赏艺术要出人出戏,中青年演员要有原创才能够有所突破,达到一个新的高度。

第三点，新时期以来，河南始终是戏剧大省，新千年以来进入戏剧强省的行业。我向文化厅、向河南文艺界表示敬意。刚才见了杨厅长我就说，杨厅长从宣传部一过来当副厅长就抓《香魂女》，抓《风中少林》。中国艺术节前五届是展示戏没评奖，从第六届即2000年起就开始评奖了。2000年以来，5届艺术节河南年年有大奖，我觉得在全国是头一份。这么执着地抓艺术，执着地培养人才，所以河南现在已经是全国戏剧强省，而不是一般意义上的大省了。参加吴广林同志表演艺术研讨会，让我觉得这样大的环境非常有利于艺术家成长。在向吴广林表示祝贺的同时，也向文化厅、宣传部重视民族文化，把民族文化作为中华民族的根、魂来抓，表示敬意，表示祝贺。

刘彦君（中国艺术研究院话剧研究所所长）

对河南的艺术创作，实际上我是不陌生的，河南也是我的第二家乡，我是半个河南人。这么多年来，整个河南省的艺术精品，这样的创作，我基本上是跟着一路走来，所以真的很开心。这样的工程的创立和展开在我们全国的艺术创作氛围中是第一个，其他地方没有做成这么系统化、集体性的推介工程的。所以我觉得我们河南省这些年在文化建设方面、在艺术创作方面，确实走在了全国的前列，对这一点我特别想说一声祝贺。

就吴广林老师的艺术成就来讲，我也不占用大家很多的时间，就想讲三点。我觉得他的成长道路可能是分阶段性的，给我印象最深的应该是《红旗渠》。对吴广林在《红旗渠》中的表演，我非常同意刚才姚局的定位，就是他的艺术表现能力、艺术创造能力达到了一个高峰，达到了一个很高的阶段。一出戏往往是以戏来带人的，而以人来带戏这样的创作不是很多见，我觉得《红旗渠》是以人带戏的作品，这个人就是吴广林老师。我觉得他的艺术创造在某种程度上塑造了或者说提升了《红旗渠》这部作品的质量。同时《红旗渠》也成为我们河南话剧界在前进过程中的一个集艺术大成的里程碑式的作品，可以说吴老师功莫大焉。

我想说的是，吴老师在《红旗渠》中的艺术创作给我三点体会。第一点是大题

● 刘彦君发言

材、小切口。为什么这么说呢？"红旗渠"在我们全国是最为知名的，是河南省的一个形象定位，是重要的革命典型之一，但是怎么用话剧这个样式来展示这个题材？我觉得吴广林老师的表演为我们提供了一个很好的例证，因为他把人带进去了。吴老师以他个人的表演和对人物形象的塑造演绎了这样一个大题材，使这个大题材变得有血有肉，人们接受起来就更加容易了。而它的切口很小，小到什么程度呢？小到他把集体的一个很大的工程变成了一个个个体化的形象塑造，他以个人的艺术魅力，以个人的艺术创造性，完成了这样的形象，完成了县委书记的形象，完成"杨贵"这样的独特形象。他自身的成长经历，他自身的思考和困惑，他自身的心路历程，使这样的一个题材在当下这种时代舞台上展示的时候，让我们非常亲切地、非常真切地体会到了当时的历史，当时的社会，当时的我们党的形象。所以说这是一个非常突出的特点，就是以个体的人来切入，来展示这样一个大题材，这是他成功的第一个最重要的原因。

我讲的第二点叫作大干部、小人物。这样的一出戏是属于主旋律题材，或者说是英雄式的戏剧。这一类的创作在我们国家1949年以来的戏剧发展史上是有模式的,这种模式到了"文革"期间被固定下来,我们用一个很流行的概念去界定它叫作"高大全"。在这样的创作模式的指导下,全国各个地方的英雄模范人物都是没有缺点的,都是没有毛病的,都是没有脾气的,甚至连家属都没有。当然这个可能有点儿极端,但是大家可以想一下我们的8个样板戏。在《红旗渠》中吴广林老师把自己在生活中的喜怒哀乐经过艺术提炼之后,纳入了剧中人物的形象塑造中,纳入了这个人物的血肉中。比方说他的缺点、他的毛病、他的脾气,他也会拍桌子,他也会躺在地上跟人家吵架……他等于把"高大全"的英雄模范的创作模式彻底地打破了,使之成为一个非常鲜活的有着普通人的内心世界的原型人物。我觉得这也是他的艺术创造,或者说艺术经验,是值得我们汲取的。

第三点,这可能跟他个人的表演艺术追求有关,就是他下了大功夫,但是却用非常小的细节来呈现,就是大功夫、小呈现。他自己在杨贵这个人物形象的塑造上,把自己对象化了,对象进去了这样的一个形象,但是他的呈现却是非常内敛的,有分寸的,就是说他的度把握得特别好,这实际上呈现的是他的大功夫、大理解、大境界。在这个问题上,很多演员在走向艺术家的过程中常常有所欠缺。

蔺永钧(国务院参事室特约研究员,中国话剧艺术研究会会长,文化部艺术司原副司长、巡视员)

广林同志是一个大写的演员,高尔基先生在若干年以前说过,做人要做大写的人。我们把一个演员说成表演艺术家很容易,尽管我们这个文艺队伍在全国的各行各业里头是不乏一批又一批的演员,也不乏一些很出色的演员,也不乏一些我们封为表演艺术家的演员。但是要真正做到是一个大写的演员不容易,这需要一个境界。什么境界?我借《红旗渠》的一句话来说,在全中国众多演员里头,你就是太行山,你给全国的一代又一代的演员树立了一个榜样,因为你是大写的。我们都知道,戏剧艺术的特质是唯一的,没有唯二,也没有唯三,更没有四、五、六。唯一在哪里?戏剧艺术的唯一特质是表演艺术,戏剧从公元前5世纪古希腊起源,开始根本没有导演,也没有剧本。那时候一个部落里头猎人打猎获取猎物之后,

● 蔺永钧发言

整个部落分享这个猎物时举行一种祭祀活动,他们信天、信地、信神,要感谢天、感谢地、感谢神,于是慢慢有了戏剧的雏形。那时候哪有导演?哪有演员?戏剧能够产生并一直发展到今天,就是一个特质——表演艺术。

吴广林是一个大气的演员,他的大气不仅仅表现在他在舞台上能够喊出来,而且很有激情地喊了。在烟台看完《红旗渠》,我和利宏一直谈到夜里两点半。我说不要怕喊,中国人民解放军总政话剧团的第一出戏《万水千山》中,李有国骑在马上最后一句话就是:"让革命骑着马,前进!"那不是喊的吗?这是一种风格,是李利宏的风格,是《红旗渠》的风格,更是吴广林的风格。但是这个大气不等于简单的喊,它是刚才彦君同志说的分寸,那个度的把握,以及姚欣老师讲的从表演艺术的吸引力入手。我们看到的大气,是指他的胸怀大气,他把表演艺术运用得出神入化了,化为他自己的血和肉,甚至是从人物的行动出发,把事件、情节、细节等一切艺术化地再现了。我们说的大气还大气在刚才合影的时候,杨厅长抓着我的手,其实我们两个在这儿握过手了,也说过话了。到那儿去了以后她第一句话就跟我说,蔺司长,广林是一个好人,好在他德艺双馨,什么都不争,什么都不抢,他就是那么默默地在舞台上做。杨厅长这个话非常朴实,作为一个党组书记、厅长,她从省里到郑州市当常委,完了以后回来当我们的厅长,她走的地方太多了,她见的人也太多了,她对广林有这样一个评价,我感到非常欣慰,我替广林高兴。

说完广林的大气,我们还可以研究一下他的表演特色,我们不要空谈,我们大家都说他好,把吴广林说成一朵花,最后一点内容都没有。我建议诸位专家一定要静下心研究一下,这个演员的特色是什么,它会对我们各个艺术院团,包括对我们的豫剧地方戏,甚至于我们的京剧,还有其他剧种都有指导意义。我来之前在高铁上冷静地想,我说用一句话来概括吴广林的表演特色是什么,绝不是喊叫,绝不是他的形象高大,而是现场一出来的那种感觉、那种气场。我觉得他是把表现和再现有机地结合了。我们中国的表演体系基本上来自20世纪50年代初期中央戏剧学院,基本上是继承的斯坦尼斯拉夫斯基的衣钵。但是我们看了这么多的戏剧,我们开始怀疑:是不是斯坦尼斯拉夫斯基就是唯一的?当然,我们承认我们是现实主义,现实主义必须前面有一个巨人在站着,那就是斯坦尼斯拉夫斯基。但是现在多元的表演流派进来以后,对我们表演艺术有了冲击。我们就要探讨一个问题:是不是我们一再强调的只是一种再现,只是一种从内到外的体验呢?你们看看《红旗渠》,再看看广林以前的戏,你们会发现这个特色非常突出,他不仅是再现,还有表现的一面。现在我们看的大量的戏,都是一种表现色彩非常浓的。我临来的前一天晚上看了《被缚的普罗米修斯》,也就是公元前5世纪的悲剧三部曲之一,解放的,被缚的。全台就一个人物,其他一帮演员都不动,无实物,被缚的普罗米修斯根本没有绳子捆着手,但是你感觉到他的手被紧紧地捆在那里,他就一直在那儿说呀说呀,手在抖啊抖啊……无实物,根本没有绳子,完全是一种表现,依然感人,剧场里头鸦雀无声。语言是外语,看字幕,很累,看了字幕再看表演,但是没有人出声,没有人退场,为什么?表现和再现有机地结合了。时代前进了,我们不能再固守着一种表演观念,拜斯坦尼斯拉夫斯基是我的祖宗,我就不能改变。好多题材都是现实主义的,应该说杨林的《红旗渠》也是地地道道的现实主义,利宏把他排出来也是地地道道的现实主义,但是它绝不能够妨碍你在表演上树立起自己的风格来,演出一个不是"高大上"而是接地气的县委书记。

因为在北京看戏条件好一点,看的戏多一点,我真想跟大家交流交流。最近这几个外国戏看完了以后,我睡不着觉,每天都在想,姚欣老师,咱们别再搞一些大活动,咱们就静静地坐这儿研讨研讨。我还是说戏剧艺术的特质就是表演艺术,谁把表演艺术搞通了,导演艺术和编剧艺术肯定跟着往前走。同志们不要封闭自我,我们要广泛地吸入这些东西。现在我们舞台上的演员基本上是在演行动线,但他们就忘掉了一个很根本的东西,即行动线内在的是情感线。那个情感不是线的话,只是情感的片断,那么这个戏是不能吸引人的。所以说,一段段的情感形成一条线,支撑起来他的行动线,这个演员这种表演肯定感人,肯定是大气的。

而如果我们抛去这个情感线,故意去抓他的行动线,你可以把这个戏演得很完整、很圆满,但是却不感人。为什么我在烟台看《红旗渠》,烟台文化局的局长——一把手,一个大男人,比我年龄还大——哭成那个样子,一把一把地抹眼泪,一开始还想掩饰掩饰,后来索性就直接哭。哭完了以后我带着他参加后面的研讨会,就坐我身边,连喊震撼震撼震撼,一个山东汉子在那儿喊。吴广林功不可没,如果这个男一号不感人的话,他丢掉了情感线的话,这个戏就没法看了。于是这个话题要拉回来啊,一见吴广林,我今天没跟他说两句话,突然我想到一首歌,这首歌唱道"明明白白我的心,渴望一份真感情",我就想现在改成是"明明白白他的心,他渴望一份真感情",这个感情就是戏剧舞台是神圣的,它的神圣就是在于我们做的是一个大写,是一个大气。像杨厅长讲的这样,德艺双馨,就是我们的榜样。因而我在几年前提了一个河南现象,一个文化现象。我说你们有时间带我见省委书记,我跟他说河南文化现象。一个经济并不发达的省,一连串的大奖,一连串的国家舞台艺术精品工程,第七届的《程婴救孤》,前面的《香魂女》,不都是我亲历的吗?咱们出了那么多的大奖,出了那么多的精品,今天在搞这个名家系列,全国唯一,别的省没有。我老说那句话,河南不要第一要唯一。好多同志现在还记着,见了我就说,蔺司长我们还记得那句话,我们要唯一不要第一。你们真做到了,全国只有河南,所以我说河南文化厅是小舞台、大成就,这么多的大奖,这么多的舞台艺术精品工程,是小舞台、大气概。有《红旗渠》这样的好戏,全国演起来,获得良好的口碑。任何一个院团的发展都是以剧目树形象,你一说《程婴救孤》就知道是李树建,就知道是豫剧三团,就知道是河南豫剧。但更重要的是什么?戏靠什么? 以角色举旗帜,以优秀的演员举旗帜。刚才我讲了这是戏剧艺术的特质,你没有这个特质就不行,你的票房就不高。

再者,以双效益为目标。社会效益、经济效益,习总书记10月15日讲话给我们指出来了,既要票房好,又要口碑好。以剧目树形象,以优秀的演员举旗帜或者是以优秀的角色举旗帜,以双效益为目标。我觉得河南省文化厅是大气概就在这三句话上。它是以剧目树起形象来了,它是以优秀的演员树起形象来了。今天开这样的研讨会,和树建这样的好演员,把这个旗帜举起来了。总书记说不要做市场的奴隶,后一句是什么?总书记没说,我们应该自己回答这个问题,总书记说不做市场的奴隶,我们说要做市场的主人。为什么?市场首先是培养观众的,你把喜爱话剧的人培养起来,把喜欢豫剧的人培养起来,这才是根本,是立于不败之地的根本,这才是主人。所以我还说,河南文化现象是小舞台、大前景、大成果、大气派。习总书记在毛泽东同志1942年延安文艺座谈会讲话72年之后,10月15日在北京组织召开了文艺座谈会,他讲了一句话,中华民族之所以有地位、有影响,不是靠对外的扩张,也不是靠穷兵黩武,而是靠我们中华民族优秀文化的强大感召力。河南做到了。过去是,现在是,我想将来也一定是。

朱衡(甘肃省话剧院院长)

我认识广林有3年了,我想广林能够有今天,我和他有同感,因为我们两个年龄差不多,我们的经历也相仿,我们都是在剧团摸爬滚打出来的,我们没有进过高等的艺术院校。广林能到今天我非常理解他的成长过程,他对艺术的执着追求一直感染着我。《红旗渠》我看了两遍,为什么要看两遍呢?我们演员把一出戏看两遍的很少,特别是在大赛过程中,我要从兰州赶到比赛的场地去看戏,就是因为广林的杨贵这个角色太感动我了。由这个角色我一直在感受广林这个人,我感觉他不是一个像演员的演员,他特别质朴,我跟他交往的时候,就感觉对面不是一个大演员,我们是同龄人,我们一块儿长大的。他在舞台上的魅力,就像蔺司长说的,就像火山熔岩,一下就迸发了。所以刚才蔺司长说表现和再现,的确是我们现在要研讨的一个重要问题。我们话剧这些年,过去蔺司长也说过,就是总感觉到表现平平。

● 朱衡发言

上次濮存昕在梅花奖30年纪念会上就说我们话剧演员没玩意儿，观众不爱看。也不一定是我们的戏不好，很多情况下是我们演员不行，这个我非常认可蔺司长刚才说的。所以从广林的身上我感觉到，这个演员上了舞台简直是不得了，他平静的时候静如止水，有时候在舞台上那种细微的地方，那个过程像止水一样，你要静下心来去感受，就能够听到他的脉搏跳动。我觉得这是他的表演的特点，也是广林能够取得今天成就的一个重要原因，也值得我去学习。

同时我也感到我们话剧界现在缺少像广林这样的演员，和我们的演员的品质有很大关系。我们话剧演员受到影视的吸引，好多院团的好演员都去拍影视了，真正能够静下心来踏踏实实在舞台上搞话剧创作的太少太少，有时候我很痛苦。我们排一出戏，好演员在北漂，上舞台演出的都是二三流的演员，没办法，好演员你叫不来。有时候这些演员经过市场的熏染，回来以后他的心思根本放不到话剧艺术的创作方面，原来是个好演员，突然间变成一个市侩，变成一个就是总书记说的被铜臭气熏染了的演员。所以，现在我们话剧界非常渴望有广林这样品质的好演

● 杜林宏发言

员来坚守这个话剧舞台,我希望话剧会有美好的春天。

杜林宏(兰州儿童艺术剧院院长)

我实际是一个做儿童剧的人,但也认识广林老师,应该基本上和朱院长同步。前年我们特别从兰州赶到郑州来看了《红旗渠》,回去后心情久久难以平静。刚才蔺司长那一番讲话,我回去要再好好消化消化。为什么?我想儿童剧有很多很多的地方要借鉴一些比较好的作品和好的演员身上的一些东西,去把它融进去。我一直认为我从事的职业是造福未来的一个职业,所以这次得到新宝院长的邀请,特意赶到这里来参加广林老师的艺术研讨会,我特别特别地高兴。其实激动的话非常多,今天借这个机会,第一是学习,第二还想更好地聆听一下在座的各位专家的意见和建议,最后我还要听一听广林老师自己是怎么说的。我要把这些最好的东西带回我们大西北,让我们这一片小绿叶也深深地扎根在大西北,为西北的儿童

● 王文龙发言

剧努力做贡献。

王文龙（浙江省话剧团团长）

跟广林老师认识已有三四年的时间，《红旗渠》到杭州演出时，我们结下了友情。因为我们浙江话剧团现在的一批青年演员是比较年轻的，所以在《红旗渠》到杭州演出时，我们是全团观摩。那一天看完以后，我们很多演员包括我们的领导班子都深有感触：河南省话剧院这么大气磅礴、厚重的一台戏，带给我们很好的学习机会。那天晚上我们大家一起交流，交流的过程当中，对广林老师的为人更加敬佩。他在舞台上的叱咤风云和平时交往的为人平和，给我们留下非常好的印象。

在浙江话剧团待了十多年，对话剧的情感、对话剧的认识也逐步地加深。在我看来，这么一个大气磅礴、"高大上"的剧目，广林老师其实是用一种非常平实的表现形式在演。因为心境平实了，他的表演的迸发力、张力就会更大。我觉得他对话剧的热爱是用一颗非常诚实的心,或者说非常平和的心在舞台上呈现。他不追求当下社会的一些诱惑,坚持扎根在舞台上,如果不平和的话,那是根本不可能留在这里的。一个电视剧的拍摄,它的金钱诱惑可以把人毁掉。现在我们的话剧舞台上的好多演员都是在荧屏上飘着,而广林老师是用这样平和的心态、对艺术执着的心态,用充满激情的平实的表演,来表现出心如止水,表现出火山爆发,才能有这种张力。所以,到这里来我感触特别多,今天也代表浙江话剧团前来祝贺广林老师,同时也感受到了河南省文化厅对河南省舞台艺术的重视。所以说,我们第一是要继续向河南院团学习;第二,今天真的是作为一个朋友,或者说出于一种对艺术的热爱,到这里来向吴广林老师致敬,也向河南所有的艺术家致敬。

夏晓华(长江人民艺术剧院院长)

简单地谈三点感悟:第一个是要学习广林老师。刚才几位老师和专家都讲得很好,特别是蔺司长说吴广林就是我们戏剧界的太行山。

我过去不是做这个的,我进入这个行当估计有9年左右。我当过乡长,更当过书记,所以说广林老师演的很多戏,我几乎没有在舞台上看到过,除了看过《红旗渠》外,其他的都是通过各种渠道,比如网络、书报了解的。当乡长的时候就有了解,那是15年以前。我对广林老师是非常崇拜的。做这个行当之后,我觉得我们这个行当,特别是话剧界需要有这样一个戏痴,长久地、永远地去坚守在这里,永不放弃地在这个高峰上站着,来引领我们。所以,我觉得广林老师值得敬佩,我们长江人艺向你致敬。

第二个,我要学习河南省话剧院。前天赵院长打电话问我能不能来,我说我们杂事再多、再忙,也要抽时间过来。我们目前班子还在配置过程中,我们感觉和河南相比的话,差距很大,河南省在出大戏、推名家、建大院。刚才蔺司长讲的几大方面,我觉得是我们学习的楷模。

第三个,我觉得我们来了,见到了在座的这么多专家和领导,今天的研讨会可以说是一个群英会。我觉得刚才蔺司长有句话说得很到位,就是总书记叫我们不能做市场的奴隶,换句话说,我们话剧界,我们戏剧界,一定要通过各种渠道绝处逢生,要做市场的主人。这个话讲得极其精彩,我觉得是对总书记讲话最深刻、最准确、最完整的理解。

我们也在创新新的业态。比如说,本月20日左右就要全面上线的全国第一家新媒体剧场,就是借助互联网和资本的力量,把演艺产业结合起来,把戏剧嫁接起来,进行深度融合。这个新媒体剧场,离不开在座的各位专家和院团的支持,现在我们和600多家全国院团签约,有1000多部剧正在上传,已经上传了500多部剧。在这样一个微时代,利用碎片化的时间,用移动终端的方式,让任何人在任何地方都可以观看到任何精彩剧目,特别是像河南省这些好的剧目,让广林的精选,让河南省话剧院的作品,更广泛、更便捷、更低成本地影响到更多的观众,让更多的观众去了解到我们的好的作品。所以,今天这个会既是一个交流会、学习会,也是一个新的整合、跨界、抱团发展的会。我们一定以这个会议为新的起点,请各位多关注、多支持我们长江人艺,我们也把我们这个平台免费地开放出来,为各位艺术家、各个院团的作品提供一个做市场主人的平台。

董文建(河南省政协委员、河南省文化厅原巡视员)

关于广林老师艺术表演方面的研讨,因为我不是评论家,只是半瓶子醋,从小学舞蹈,后来又学声乐,我演过话剧、京剧、歌剧、舞剧,甚至地方戏也都上去串过,半瓶子醋,啥都弄一点,但是说心里话我对话剧情有独钟。在我的成长过程中,我演过四部话剧,有些同志不太知道:话剧《槐树庄》,很早了;《风华正茂》男主角,赵晨光;《于无声处》何大为;《假如我是真的》。我还导演过两部话剧,向上海青艺当时学的《再见了巴黎》,第二部是我自己创作又自己导演的《生活从此开始》,参加全国第一届大学生汇演,拿了全国的二等奖,河南省的一等奖。我对话剧情有独钟,我真想在话剧上发展,因为我觉得话剧这个艺术跟戏曲各方面都不一样。我跳舞蹈从小跳得很累,觉得话剧很好,但是后来又觉得自己不是演话剧的料,因为没有声音。说到声音,我就说广林的声音,很有磁性,穿透力非常强,坚实,是金属般的音色。我认识广林实际上也是从声音开始的,歌舞剧院和话剧院只隔一道墙,离老远就能听到他的声音,大嗓门,从声音上先认识了广林。我觉得话剧是个说话的

● 董文建发言

艺术,用语言的形式来塑造人物,来讲故事。广林的声音是得天独厚的。有的人,虽然有一个好嗓子,但是没有激情,朗诵不错,气场也很强,也有共鸣,就是没有激情。很多演员就是这样,导演说了半天,情绪却调动不起来。而广林在舞台上就不一样,他的声音是有激情的声音,就是刚才蔺司长说的:有激情才能够把人物在舞台上立起来,塑造出鲜明的角色形象,才能够打动人。不管是悲剧也好,正剧也好,演员在舞台上必须有激情,没有激情打动不了人。我觉得广林是我们河南的好声音,也是中国的好声音,是充满激情的好声音。

广林塑造的角色大家都很认可。不管是《红旗渠》,还是《宣和画院》,还有前些年演过的诸多话剧或者影视剧,我很多都看了,我都非常喜欢。除了声音好,他在表演方面也是非常独到的。塑造人物他能够钻进去,像《红旗渠》,我去你们排练场,有时候听别人说,广林、金世驯老师、同云老师、呼建国,还有保国,他们几个一凑到一块儿,就是在说《红旗渠》,就是在说这个人物,连吃饭睡觉都在操心这个事,操心人物怎么演,台词怎么说,怎么能够把人物之间的桥搭起来,把这个戏给搭起来。所以在《红旗渠》这个戏中人物关系和故事都讲得很真实,很能够调动观众的情绪。有一次我问赵虹,广林呢?赵虹说,别说了,广林掉到《红旗渠》里头出不来了。你看一句话,很朴素的一句话,就说明他拿到这个角色之后就在一心一意地研究这个角色,在钻研这个角色。正因为如此,他在塑造人物的时候就能够得心应手。

他演的杨贵这个人物,处处能够体现人物的思想、精神、情感和境界,该发力处发力,该隐忍处隐忍,该平和处平和,张弛有度、收放自如,演活了杨贵,超越了杨贵。我们看到的舞台上的杨贵不是生活原型中的杨贵,广林在舞台上的表现是大于再现的,他在舞台上塑造的杨贵是成百上千的共产党基层书记的代表人物。有的同志说《红旗渠》成就了吴广林,我个人觉得吴广林也成就了《红旗渠》。如果我们的《红旗渠》没有广林这么优秀的演员,这个戏让别人演也能演下来,也可能会拿奖,但是他在艺术创作上肯定要逊色一些,肯定没有这么震撼人心,赢得满场掌声雷动,使观众的激情和演员的激情融合在一起。

李树建(中国剧协副主席、河南省文联副主席、河南省剧协主席、河南豫剧院院长、著名豫剧表演艺术家)

蔺司长刚才讲了几点,第一点我觉得是院团管理,以剧目树形象,以优秀的演员树旗帜,以双效益为目标,我们不做市场的奴隶,要做市场的主人。这个话我们说不出来,你今天说出了我们戏剧人的心声:我们不当奴隶,过去我们当过奴隶,给人家哭过坟、要过饭,以后我们要当主人,把戏演好。这一点司长讲得很好。第二点是说演员不要光演行动线,要演感情线。我们作为一个演员应该这样做。行动线和感情线相结合,感情线演好了这个戏就感人了。第三点讲表现和再现有机地结合。再一个就是全国的戏曲演员和理论家现在要研讨研讨,要搞通表演艺术。这一点我觉得非常重要,咱们的表演艺术要研究出努力的方向,如何去走市场,如何让观众喜欢你的戏。我觉得这些讲得都非常好。

广林这个演员我觉得确实是德艺双馨,不为名、不为利,刚才领导们、专家们都讲了,我就不讲了。广林在表演方面多次评奖,因为我都参加过评奖,也有很多

●李树建发言

人打电话,但是广林从来没有说给我打个电话,说他这个奖怎么样,包括省里的或者是全国的,这一点广林做得非常好。再一个,我们的《苏武牧羊》,里面有很多配音都是广林配的。当时我们的经费非常紧张,我就给他 6000 块钱,最后他都没有要。他说这个钱放这儿吧,咱都是弟兄,放这儿以后咱们一块儿喝两杯酒算了,当时我就非常感激。广林是我们省里面的戏曲演员尤其是我们男演员学习的榜样。其他的演员好多都去拍电影了,去拍电视了,但是广林始终坚持在话剧舞台上,这一点真的难能可贵,我感受很深。

刘景亮(河南省文化艺术研究院研究员、河南文艺评论家协会副主席)

前天广林老师给我送去了《宣和画院》和《红旗渠》的碟片,我又认真地看了几遍,思考很多。它使我想起,刚开始头几遍看戏,没有看懂,当时跟一些看戏的同行们在议论两个戏:这一点真实吗?那一点真实吗?就是说我们过去的批评基本上只会操现实主义的枪把,就是用那种现实主义的甚至近似于自然主义的真实观去评价作品。最后我又看了一遍以后才领悟到,这是现实主义和浪漫主义相结合的作品,是一种新的创作方法。

其实不论是我们的创作,还是我们的评论,过去对现实主义理解得也都不是那么全面,往往把理想这一部分都消解了。看了这个戏呢,特别是广林先生的表演以后,我看到了这种创作方法已经活生生地展现在我们的戏剧舞台上了。好像现实主义和浪漫主义创作方法提了一阵子以后,大家都不提了,现在更没有人提了。当然用表现和体验可以代替,不过我还是喜欢现实主义和浪漫主义相结合这种创作方法。因为我原来看到我们话剧团的创作方法在《锅碗瓢盆交响曲》之前如《龙马精神》,基本上是现实主义的。但是这些年创作的作品,包括《水上吉卜赛》,我觉得是现实主义向浪漫主义过渡,不过这个过渡痕迹还显得不是那么成熟。

可以说,到了《宣和画院》,到了《红旗渠》,这种创作方法基本上是很成熟了,所以我觉得应该总结。今天是说表演的,但在我看来杨林的剧本、李利宏的导演跟这种创作方法是统一的。比如,杨贵在那里跟调查组成员那么吵,把桌布掀起来,裹在身上,然后爬着说……如果说从细节的真实、人物的真实来看,恐怕不一定就真实。但是他情感的震撼力给人的是情感真实。这种情节还有很多,包括我们看《宣和画院》的时候,廖桂云挂笔真实吗？很多情节和表面的生活真实是不一致的,但它是情感的真实。这种真实又绝对不是凭空而来的,而来自他们几个创作者,特别是广林先生对人物、对生活一次又一次的体验。他把握住了这个真实,把握了生活的真实,也把握了情感的真实,然后又把情感真实放大,就生活在这种情感的真实里面。他在整个戏里面,就生活在这种放大了的情感真实中,而且也没有离开生活的真实,所以这样的表现才有这样的震撼力。我原来只知道吴广林的表演情感力度很强,一下子就可以把人震撼,什么原因？恐怕跟他这种创作方法是统一的,不能仅仅从他声音的艺术穿透力和他的功力这些方面说,恐怕与这个创作方法有关。在当今这个时代,戏曲界、话剧界,其实整个艺术界都应该研究这种创作方法。只有这种创作方法才更能够表现出我们这个时代人的情感真实。表现《红旗渠》那个时代,如果我们不用这种创作方法,就很难体现那个时代的真实。通过广林先生的表演,我们应当对话剧风格的转型、创造方法的转型,做深入的研究。

● 刘景亮发言

张鲜明（《河南日报》文体部主任）

今天参加这个活动，我非常感动。感动的地方在于，在全国上下正在学习贯彻习近平总书记在文艺工作座谈会上的讲话的这个很好的时机里，咱们文化厅举行这样一场研讨会，拿广林这个艺术家作为一个研讨的对象，不光是对他个人的艺术成就的总结和褒扬，而且是对河南整个文化艺术界的大家们的一种鼓励、一种引导。所以说，我今天听了这个消息以后，一定要来好好地学习。并且，我感觉到身上有一种更大的责任，就是说我是做媒体工作的，《河南日报》作为党报，应该为全省的艺术家做好新闻方面的支持。我很早就认识吴老师，特别是通过他的话剧，感受到他心灵深处的博大、厚重代表了河南中原文化的那种男子汉的精神和气质。特别是作为艺术家，他能够非常地内在，不张扬，却非常用心，用心在做事情，用心在演人物，所以，他能够一步一步地走到今天，取得这样高的成就，成为话剧界的一个代表人物。我从他身上感受到,作为一个艺术家应该怎么去走自己的道路。今天各位领导、艺术家、评论家都从不同的层面、不同的角度在进行总结。我想作为媒体人,我们要向这样的大艺术家敞开大门,一定要不惜版面,不惜精力,去做深入的跟踪报道、深入的研究。我在这儿表个态,下一步我们版面马上进行重大的改革,改革的时候,我就要想,像这样在文学艺术界各个门类的代表人物,我们一定要有一个系列的策划,像人物列传这一类或者是进行时这一类的跟踪报道,做好我们的策划工作。最后,祝吴老师艺术道路越走越宽广!

焦晓军(河南电视台著名导演)

我们媒体都有代表说过了。我表个态吧,跟广林是几十年的好朋友,广林的艺术应该不仅是省内一流的,也是国家一流的。尤其是《红旗渠》的表演,更是让人们用激动等词语都很难表达的。表演艺术我们是外行,我们听专家的。作为电视媒体我表个态,现在电视文艺处在一个转型的时期,我们有这个职责也有这个义务,要把我们的地方戏艺术,把我们河南的话剧艺术,把我们河南的方方面面的艺术门类进行展示和展现,尤其是对艺术家的展现。媒体就是做服务的,以后我们会加强这种服务的意识。

黄海碧(郑州市文广新局调研员、著名导演)

我对利宏的信息一直都很关注。跟广林也是多年的朋友,但是我觉得我对广林在舞台上呈现的人物形象有新的认识却是从《宣和画院》和《红旗渠》开始的,因为这两个戏让我对吴广林有了一种刮目相看的感觉。在利宏和广林他们俩合作的这两部戏里,广林分别演了李子信和杨贵,大家都看过这个戏,我就不再多叙述了。这两个戏的艺术形象塑造,至少在河南戏剧的人物画廊里面是很成功的,是具有感染力、表现力和舞台艺术魅力的。

《宣和画院》与《红旗渠》比较起来,一个是文化底蕴和文化积淀或者文气十足的戏,戏中人物是李子信。而《红旗渠》里的杨贵又是一种激情燃烧的形象塑造。这是两个基调色彩完全不同的人物,前面的一个更具有文化含量,后面的更具有时代精神。这两种不同形象呈现在舞台当中,实际是他跟导演的碰撞,跟角色的跳进跳出。从这个角度来讲,我的直觉是,这两个人物都让他有了一种角色附体的感觉。今天说他的表演艺术,有一个不可回避的话题:他在表演上到底是有哪些值得我们去评述或者评说的呢?

那么我就从他的《宣和画院》说起,首先他把自己融进这个实景生活的表演场景——那个四合院里边。他把那种进入生活自然流露的东西融入到了他的表演过程当中。其实这不是自然主义,而是更高级的一种状态。我觉得从这种状态里面来看他的表演,对他这个人物来说是一个新的境界,是一个新的升华。他所揣摩的李子信,就在他忧虑的神情当中、迟缓的语调里,带来了那种文化沧桑感。就是这种东西可能是我近期在舞台上看的戏里边很少有的,它特别能唤起我们内心的那种呼应,或者说,带有文化乡愁的东西在这个戏里边表现出来了。同时他还有在这里边想圆又圆不了的那种文人的迂腐,或者想中庸又中庸不成的尴尬,我觉得这就达到那种出神入化的状态。至少在戏剧的现实里边,我认为他拿捏得是非常到位的。于是我这样去看他的戏的时候,欣赏的意味就有了,不仅仅是看的过程。这是他的表演所呈现的这种魅力传达给我的感觉。

特别是在这个戏剧情节中,当李子信的儿子去模仿李子信的挚友、保平演的廖桂云,模仿他的字迹卖画,然后出现的这个情节马上跌宕起来。我觉得在这样的戏曲冲突激烈的状态之下,李子信一下就陷入了……他从这里边不是接受一个现实来表现一个结果,他是把这种灵魂层面的救赎与忏悔的进退维谷的两难境地传达出来了,所以这里不只是所谓的拷问。他对廖桂云的那种为书写而生的理解——他俩是多年的莫逆之交了,通过他的表现,通过他的行为,通过他的情感,都淋漓尽致地传达出来。这对于一个表演艺术家来讲,的确是一个很难的境界。

另外,前面谈到我跟利宏看完这个戏以后有很多的交流,跟吴广林并没有太多的交流,但是我对他有了兴趣,有了关注。从利宏那儿我知道,利宏在这里面有很多文化精神层面追求的东西,包括他通过这个戏所做出的一些心灵的拷问。广林在表现导演对这个戏最高的追求的时候,领悟是到位的,表达也是准确的。从这

● 黄海碧发言

个戏上来讲,他的表演确确实实是值得我们来关注、来研究的。因为他在舞台上的空间转换,包括他在与其他人物的交流当中,尤其是跟他的儿子,跟廖桂云的交流当中,他的表演状态,他淡化表演痕迹所呈现出来的舞台魅力都非常好,而在当下话剧演员中,能达到这种程度的是为数不多的。

再说他的《红旗渠》。我觉得,一出戏剧,不管你编剧写得多么精致完美,也不管导演天才的解释和处理手法多么别出心裁,都离不开优秀而智慧的演员来给他们当托儿。这一点恰恰是从历史上去说的,你必须有一个优秀的演员作为这部戏的旗帜,才能够导演出真正的戏剧张力来。在这一点上广林表现得很到位。说到这儿,我就特别想说一点就是"戏痴"。我觉得这个词说得非常准确,一下就使我对广林表演的认识有了一个切入点。广林演戏,能把自己融入戏中,在生活中去体现,去揣摩,最终的提炼一定会被观众认可。比较起来,他的李子信和杨贵这两个性格色彩、人物形象完全不同的人物,一个是非常有文化含量的,带着心灵乡愁的,一个又是带有时代精神,激情澎湃的。我觉得这两个人物的出现,反映的都是我们这个时代的强音，或者是我们这个时代的主语。

李仲党（河南省文联副主席、河南省音协副主席兼秘书长、一级作曲）

广林是我的好朋友，认识也近 30 年了，但是真正跟广林近距离接触，还真是源于我们民盟，因为我们是盟员，民主党派，经常在一块儿活动。随着时间的推移又看了他很多的演出，包括《宣和画院》和《红旗渠》。就是刚才海碧说的一句话，我感觉通过这两部戏对广林的感情发生了变化。我认为广林是从一个著名演员上升到了一个著名的艺术家的层面，这是一个质的飞跃。跟广林接触后感触最深的就是广林在戏中间演的人物都是具有正能量的，像焦裕禄、杨贵等等；在做人方面，广林也是一样，也是一个具有正能量的人，人品非常好，艺德也非常好。最近在学习社会主义价值观，特别是现在又在学习习总书记文艺座谈会上的讲话，我感觉广林就是我们河南艺术界应该学习的楷模。确实是这样，广林平时除了他自己来研究他的人物，研究他的业务，对其他方面没有那么多要求，譬如想当个什么官啊，想弄个什么头衔啊……没有！纯粹是一个真正的艺术家。在现在这种浮躁的年代，广林同志几十年如一日坚持到现在。这种人不是德艺双馨吗？不值得我们学习吗？

杨守林（河南省文化艺术研究院著名编剧）

提起广林，我脑子里头浮现的总不只是他这个 1.84 米的帅哥，往往涌动出来的是一群人。今天我看了好几位哥们儿都一块儿来了，因为我也是从话剧团走出来的，提到这批人我就很激动。广林的确是一个老艺术家，包括利宏、于同云、呼建国、江守志，包括没有来的伍宝国、孙红、沈保平、王健，还有一些已经走了的，离开了的，贾刚、黄桂兰（音）、魏德华，我想这么一帮人不容易。今天你们在这里为他召开一个艺术研讨会，实属不易。广林给河南话剧院增光了，也在全国为河南话剧争气了。我为什么说不易呢？他们1973年进团，以团代校，没有受过正规的艺术院校的训练。尽管他们进了团以后，团里面也安排有一些有实践经验的老艺术家来带，有中戏、上戏分到这儿来的人给他们上台词课、形体课,学相声、小品、独戏。但是在那个背景下,大伙儿都知道那个特殊的年代,没有办法按部就班地正正规规上课。特别是到了1974年,他们纯属是在老艺术家的带领下,在艺术实践的活动里,靠着自己的自学来成长起来的。因此,他们在那个特殊的年代里头,受到了一些干扰,失去了一些机遇,但是他们热爱这门艺术,他们在向老艺术家学习的同时,也扎下了自己的根。这里头有一些老艺术家,包括刚才丹平提到的常庚民,是和凌子风一代的导演,原来在青艺都干过的,佟守泽,还有一些著名的演员,王宝山、庞建民、苏正、陈宇泽……这些演员中,常庚民那种艺术源于生活,要真诚地去用一颗心去拥抱生活,将生活深深地扎根在他的心里;佟守泽是中戏毕业出来的,列士力的学生,是中国一代地地道道的斯坦尼的弟子,他在角色创作中,着重于体验,甚至要求演员在创作角色时进入一种下意识,那种角色与"我"合二为一的境界。

那些老艺术家,像王宝山、庞建民、苏正、陈宇泽……他们在角色创造中,丢掉自己习惯的东西,用演员的性格来点燃自己,并传给了年青一代。这一代人传承了话剧优良传统,基本上是以现实主义和体验派为基础,经历"文革"以后,他们又在演出的实践中磨炼了自己。随着改革开放,随着戏剧观念的更新和外来艺术的冲击,已经不是原来的话剧界被一个体验派斯坦尼独领天下了,很多现代派的艺术也都冲进来了,他们又开始进行艰苦的探索,来开拓自己的艺术表现力。在这个过程中,他们又大量继承了话剧民族化的光荣传统,以中国的诗画意向为美学精神,从表现派里头,从演技派里头又学到了很多东西为今天艺术的创新和发展,为话剧的艺术探索,进行了艰苦努力。所以他们不仅仅是一个坚守者。我提到了坚守,为什么? 这也是一把双刃剑,就包括你们这一拨,80年代一改革开放,在经济大潮的冲击下,在那种物欲情欲的冲击下,有的人出嫁国外了,移民了,下海经商了,但是有的人留下来了,为什么? 因为热爱心中的艺术,虽然他们经历了在话剧危机时为了维持自己的生存而进行的艰苦磨炼,但是时代也给他们提供了一个开拓创新的大好机遇。所以从广林这一路走来,他的代表作,我不说前头跟老同志一块儿演出的《曙光》《锅碗瓢盆交响曲》《万水千山》一直到《西安事变》这些戏,就说最能代表他的是《水上吉卜赛》《公仆》《宣和画院》到今天大伙儿所公认的《红旗渠》,从他所创造的这些戏,足以能够看出来这一代演员发展的足迹。

今天艺术的发展也到了一个大的历史转折点,说到底一切艺术都是为了表现人。究竟如何表现人？用什么样的技巧表现今天的人？人类已经跨越了信仰的时代、冒险的时代、理性的时代、启蒙的时代、主义的时代,现在已经到了一个飞的时代,今天的人光靠体验派,行吗？不行。但是你不能否定它,它依然是基础,正像不能否定现实主义一样,这是我的观点。未来究竟是一个什么样的时代,现在我看不清楚,我愿意和大家共同交流。但是在演技上,任何一个支配创作观念变革和更新的都是从他对人的自身认识的变革而带来的,离开了这一点,任何艺术观念将不复存在。广林的一些艺术技巧包括新的技巧的诞生,也是围绕着如何认识人和表现人而产生的。我觉得广林,你应该继续走下去,虽然弹指一挥间,马上也快到花甲之年了,但那颗热爱艺术的心不能停止跳动,你的梦想不能停,否则你的艺术人生也就中断了。我希望你们这一代能够把话剧的优良传统传下去,并在新的艺术创作的道路上,仍然以一个艺术家博大的胸怀去继续进行探索。

金世驯（著名表演艺术家）

广林,是1973年进团,到现在40多年了,以广林为首的这一大批演员,还能够坚守着这个阵地,我觉得应该简单地介绍一下他们的优点。那就是话剧团的老传统——虚心。不管对手之间、导演之间,谁的意见都听,好的、坏的、大人的、小孩儿的,他听。再一个他死心眼儿,你跟他说的对的,他要做不好,他别扭,他天天都想着呢。再一个他有恒心。我们这一批以广林为首的演员,我觉得这几点都是在他们身上充分地表现出来。所以今天开会我就想了大概这么个问题,简单地说他们有恒心、有耐心、有虚心地一个劲儿地练,他们会了,他们会了以后还不停步,他们体会了还坚持着去练,所以广林成了艺术家,其他的当然也是艺术家。

王凯歌（河南大学艺术学院戏剧分院院长）

非常高兴来参加吴广林表演艺术研讨会,今天很多专家讲的都使我感同身受。我是河南大学戏剧学院的教师,我带着学生去看了彩排,之后非常感动,剧本好、导演好,吴广林老师像是一个号角一样,吹响了时代的精神。我觉得《红旗渠》确实是在吹响这样一个号角,正好也符合我们现代精神上的一种审美。有精神支配的戏剧表演艺术,它的审美价值更高。我想,作为戏剧学院,我们将来一定要把咱们话剧院广林老师的话剧精神传到我们学校去,邀请广林老师作为我们的兼职教授,作为我们研究生的指导教师。

李利宏(河南省文化艺术研究院院长、一级导演)

第一,非常感谢蔺司长、姚局长和刘所长,因为他们对河南戏剧的支持、关爱、指导由来已久。河南戏剧之所以走到今天,有这么多的荣誉和收获,离不开他们三位的支持,包括具体的指点。刚才大家都说过了,但是我要表达这种心情,非常感谢。

再一个我代表东坡,代表我们两个,代表河南省文化艺术研究院,感谢厅领导为广林举办这个推介会,同时也感谢话剧院班子组织了这么一个隆重的又很热闹的研讨会。感触很深,想的也很多,那么必须祝贺吴广林,感谢吴广林对河南话剧的贡献,感谢吴广林甚至可以说是对中国现代话剧的贡献。因为说了半天,刚才大家少了一个细节,我必须补充。也是在蔺司长的具体指导下,广林刚刚获得中国话剧表演学院奖的最佳主角奖,这个奖项在话剧界、在话剧人的心中可能要高于梅花奖,甚至高于文华奖。

所以说必须祝贺吴广林对中国话剧的贡献。我在这儿要说的就是我很骄傲,也很欣慰。骄傲的是,吴广林有今天的成就和今天大家对他的总结、归纳乃至赞美,其实是代表了河南省话剧院一批优秀的演员,尤其是我们这一批,和70年代这一代。在座的同云、建国、守志,当然还有没有来的,当然守林老师都是如数家珍,都点到了,吴广林是我们的代表,所以说我很自豪,也很骄傲。我很欣慰是因为刚才李霞副厅长讲的,吴广林是我重要的一个合作者,或者是说话剧院无论排大戏、小戏都离不开的一个台柱子,而且我俩合作得非常非常多,彼此知根知底。蔺司长刚才总结了,舞台艺术最终是表演艺术,无论你文本多好,导演构思多么妙,没有一个好的演员,没有一群好的演员去体现你的构想,去体现你文本的妙语连珠、美好结构,都白搭。舞台艺术最终呈现的是表演者的表演艺术,在这一点上吴广林当之无愧,所以说吴广林是个天才。什么是天才?我个人理解,第一对心里想的事充满热爱,第二对这个事一看就会,第三会了之后可以影响别人,我觉得这就是天才。广林是为话剧而生,对心中那点儿事执着得不得了,有一腔热爱,甚至比爱老婆都热爱。对那点儿事一看就会,会了之后可以影响别人,广林也做得足够好。能做到这三点的人不多,尤其是能做到这三点的演员不多。有些演员学了一辈子,那个窗户纸捅不破,导演很着急,对手很着急,观众很着急,最终这个作品应该走到那一步走不到,就是呈现者达不到,而广林不是,所以我说他是天才。再一个广林是我心中对表演艺术认识的一个楷模。因为我经常跟话剧院的演员,包括其他的剧团合作,我在表演艺术上一直有一个很通俗的观点:演员必须是一部好车,一点就着,一启动就是120迈;而有的车不是半天点不着,启动不了,或者点着了弄半天才40迈,或者是刚跑到80迈、100迈,又熄火了。所以说广林是一部好车。

广林,他静,静得下来,他爆发,爆发得起来,这就是一部好车。随时点火,随时120迈,随时静下来,甚至在匀速的时候是无声的。这是表演艺术的最高境界,也是我对这个境界的追求,广林达到了,所以说我很欣慰,我们合作起来很惬意。广林是一个很难得的好演员。两部戏,刚才海碧说到了,其实难度都很大。《宣和画院》,我是要求表演入境的。当时我给大家设了三个境:环境(也就是咱们说的情境)、语境和心境。我要求表演是进入的,是入境的,这不是单纯所谓现实主义能解决得了的问题,广林入得了境。当然,还有我们同台的演员都入境了。我刚才说了,他是我们这批演员的优秀代表。而对于《红旗渠》,我要求是出化的,出神入化。刚才蔺司长说了,我们不能仅仅是现实主义,还有表现主义,景亮老师说还有浪漫主义。广林带领着大家达到了这个要求,是非常难得的,因为表演难度非常非常大。我欣慰的还有另外一点,就是今天我可以坦露,实际上我在这两部戏里边一直在探索,在现实主义基础上,从斯坦尼晚年开始探索的形体动作法和表现力,与表现主义的结合,到格罗夫托斯基,到阿尔托,到萧伯纳,到现在西方最火的奥基尼奥巴尔巴,我一直在尝试着做这些探索。我不想谈,因为谈了之后,会影响大家对表演的认识,大家可能还不明白这些。我就用好车来比喻,就用三个环境来限制他们。我认为在这两部戏中,实际上大家已经在实践并实践到了,实践到了阿尔托,实践到了

● 李利宏发言

格罗夫托斯基,包括现在的谢客纳,所以说我感谢你们,感谢吴广林。通过吴广林在这两部戏尤其是《红旗渠》中的表演,证明了当代表演艺术前沿的问题在河南省话剧院经过坚实的实践是成功的。反过来说,我们成功的实践,证明河南省话剧院是最优秀的,是站在中国话剧前沿的。感谢吴广林,也谢谢大家!

赵新宝(河南省话剧艺术中心主任)

我说三点:第一,还得说一点客套话。第二替周虹为吴广林这个研讨会说几句话。第三是我个人的一点感受。

第一点,真心感谢老领导的光临,刘彦君老师,还有我们的会长、国务院的参事蔺永钧先生。另外感谢兄弟院团来我们河南参加吴广林研讨会。今天还有咱们省内的很多专家,这个会是我们话剧院承办的,也感谢咱们这么多专家,对我们话剧的热爱,对吴广林的热爱。我代表话剧院,代表张欣,代表领导班子和话剧院全

● 赵新宝发言

体人员,谢谢你们!

　　第二点,周虹因为腰肌劳损在医院没有来,给我打电话说了半个小时。主要内容有:对广林同志的表演艺术大加称赞,具体说了很多热情洋溢的话,有机会他要为你写出来,我也邀请他写出来。说到这儿,我也诚邀咱们在座的北京老领导也好,在座的专家也好,为广林写一些文章,近期把书出出来,这是本次名家推介工程的系列。周虹非常渴望有机会再跟广林同志合作,上一次我们《红旗渠》的作曲就是周虹。希望广林同志百尺竿头,更上一步,担纲更好的戏,担纲更大的戏,为我们河南的话剧事业,为我们中国的话剧事业再做出新的贡献。

　　最后谈一点我的感受。广林同志表演艺术研讨会的召开是我们厅里部署的,我们非常荣幸。广林同志不仅仅代表他个人,刚才利宏同志讲了,实际上代表了我们这一代承上启下的表演艺术家,包括我们的于同云老师、呼建国老师,等等。在这一点上我非常佩服广林同志,他对待艺术家,对待其他演员,包括我们的舞美演员和群众演员从来是很平和的,没有大演员的架子,这一点广林同志做得非常好。

当然在艺术上精益求精,从来不客气,不管是谁,他都指出来,不管是年龄小的,年龄大的,有什么不懂,大家一起探讨。河南话剧院能实现零的突破,能在全国话剧同仁面前抬起头,能为河南戏剧事业上添一些瓦、增一些光,说实在的,我作为话剧院院长,非常感谢话剧院这一批艺术家,包括我们的金世驯老师,每个大戏都参加了,也包括我们新进团的年轻同志。

最后再表个态,河南话剧院将一如既往,按照厅长的要求,把队伍带好,而且争取近一两年内再排好戏,奉献给大家,为河南话剧、为中国话剧增光,也为我们自己争气。谢谢大家!

吴广林

今天看到这么多领导、专家,还有老师、同仁,说实在的,我今天才真正理解了"受宠若惊"这四个字的真正含义。刚才听了各位专家的发言,说了我很多好话。但是我心里明白,我能吃几碗饭,我能打多少粮食。做一个好演员是我永远的追求。现在我心里有很多很多话想说,但是到了嘴边,最想说的还是"感谢"两个字。首先,我感谢远道而来的北京的领导、专家。谢谢蔺司长,谢谢我们国务院参事,谢谢中国话剧艺术研究会会长。

我记得第一次蔺司长看完《红旗渠》,不顾休息,连夜给我们召开座谈会,并及时地提出了很多可行的建设性意见。更让我们感动的是,他经常打电话询问,改动以后这个效果怎么样啊?我就如实地给他说了说,他非常高兴,一再说谢谢你和话剧掌门人。谢谢刘彦君老师,你对河南的戏剧、话剧,每一次都给我们做出了高屋建瓴的指导,真诚地谢谢你。还有姚欣老师,主要是谢谢他在这一次"十艺节"上,对《红旗渠》的鼎力相助。我还要感谢的有很多,比如说远道而来的四个院团的院长,我就不一一地说名字了。说句实在话,我见到你们就像见到了自己的亲人,你们的到来让我感到非常非常的温暖,谢谢!

以前话剧处于低谷的时候,我们有一个说法叫抱团取暖,大家伙儿一见面都很亲,抱个团取个暖。文艺春风马上就要到来了,我们不是抱团取暖了,我们要并肩前进了。同时我要感谢文化厅党组艺术名家推介工程这个平台,把我列入其中,才有了这次聆听各位专家指导和建议的机会。杨丽萍厅长、李霞副厅长、董文建老厅长和闫敬彩处长,能够亲自参加这个研讨会,更是对我的一种鼓舞和激励。可以说无论是《宣和画院》还是《红旗渠》,都是在杨厅长的大力支持和指导下,在董厅长的具体督导和闫处长的具体组织下完成的,这才使河南省话剧院在全国有了声音,在中国话剧界有了地位。杨厅长作为一把手,手头有很多很多工作要做,这我们都知道。可是我记得很清楚的就是在《红旗渠》南北专家座谈会那天,作为一个厅长,她整整坐了一天,一整天。那时全国的专家都非常地敬重她,这让我们河南干话剧的人非常感动。李霞副厅长主管文化以来,也多次到我们话剧院调研指导,每一条意见都让我有所得、有所获。在感谢你们的同时,我只想说一句话,请放心,我会继续努力的。

我作为一个话剧演员,一路走来取得的一点成绩能够得到观众和专家的认可,更要感谢河南省话剧院。可以说没有话剧院就没有我的成长,就没有我的今天;可以说话剧院就是我的家。40多年,对于一个人的一生来讲可能很漫长,有时候回头一望就是眨眼一瞬间。在这里我深深地怀念我们话剧院的艺术大家常庚民导演、佟守泽导演、王宝山老师、苏正老师……为什么说怀念他们呢?他们是我们话剧院的根,他们奠定了我们话剧院多少年来的表演风格,没有他们也就没有我们,我们要知道我们的根是什么。

感谢话剧院的前辈和每一位老师对我的艺术启蒙和手把手的传帮带,到这里来的老同志有金老师,谢谢你们老一代的艺术家对我的指导。你们的教诲和指导,让我从一个对话剧表演艺术只有肤浅认识和朴素热爱的初学者一步一步成熟起来。你们不仅教我如何演戏,还教我如何做人,使我对舞台表演艺术有了更深的理解和体会,并帮助我塑造了各种不同的艺术形象,取得了让我珍藏的成绩。当然,我要感谢,我也必须要感谢和我一起成长的1973届同学,在这里有建国、同云、守志、宝国,还有顺义、秋仙等等,我都不一一举名字了。我们从小在一块儿长大,我们一块儿在太行山上扛过石头,抡过大锤,这么多年来,我们在舞台上共同摸爬滚打,相互切磋,深入探讨,不断提高,他们对我潜移默化的熏染和帮助,我是很难用几句话来表达的。

在这里,我特别要感谢的是利宏导演。因为什么?对导演、话剧演员来讲,我跟

● 吴广林发言

利宏合作是最多最多的。其实我们俩合作的不光是话剧,电影、电视、晚会、小品等,我们俩可以说合作了很多很多。说句实在话,这六七年来,我们就是憋着这股劲儿走过来的。利宏八年蒸了一个馍,才有了我们把太行山的神话定格在中国话剧舞台上。利宏我们俩自《水上吉卜赛》《区委书记》到《宣和画院》《红旗渠》,多年来和利宏的默契和信任、相互的理解和支持,都给了我极大的帮助。在这里我要真诚地说声谢谢!

同时要感谢各大媒体的新闻记者,真诚地谢谢你们。在此我也想感谢河南省话剧院以新宝为首的领导班子和话剧院的同仁对这次座谈会所付出的心血和努力,真诚地谢谢!

今天召开这个关于我的表演艺术的研讨会,既是对我的一次艺术总结,更是一次鼓舞和鞭策。都说学海无涯,艺无止境,我会把这次研讨会当作一次新的开始、一个新的起点,继续我的艺术追求。当然我也更需要你们的指导、帮助和支持,因为我离不开你们。谢谢!

● 杨丽萍发言

杨丽萍（河南省文化厅党组书记、厅长）

　　刚才广林同志说了很多感谢的话，新宝院长也说了很多感谢的话，那么我还是要重复他们俩的话，我也想说首先感谢我们姚欣局长、我们蔺永钧司长、我们彦君所长，感谢来自甘肃、广州、浙江的院长，感谢今天到会的所有专家、学者和各位朋友。参加这样一个研讨会，我很乐意。今天听了各位同志的发言，我进一步理解了吴广林老师表演艺术的境界，也进一步理解了戏剧表演艺术的规律，更进一步理解了艺术院团和政府主管部门的责任，这是参加研讨会的一个心得。

　　是话剧艺术成就了吴广林，是我们河南话剧院的艺术团队成就了吴广林，是时代成就了吴广林，也是吴广林自己成就了吴广林。正如大家所说，他坚守话剧，坚守舞台，这么多年随着我们时代的发展而成为中国话剧舞台艺术的太行山，我非常同意蔺司长的评价。正像习总书记所说的，我们不仅要有高原，我们还要有高峰。我觉得广林同志和他这个话剧,成就了当代中国话剧的太行山。所以,感谢吴广林,感谢我们这个团队。

72年前,毛泽东同志在延安发表了一篇至今指引着我们中国文学艺术发展的著名讲话。72年后的今天,习近平总书记代表党中央又对中国的文艺界发表了一篇上万字的讲话,这是一篇意味深长、意义深远的讲话。习总书记讲道,我们中国到了今天这样一个时代,特别是我们建国65年来,特别是改革开放30多年来,中国创造了举世瞩目的伟大成就。我们创造了这样的伟大成就,我们要讲好中国故事。所以说,当今时代,是中华民族崛起的时代,是中国人民筑梦的时代,也是我们中华文化复兴的时代。我们的13亿中国人在100多年来的现代化进程当中,在党中央和国务院的领导下,创造了可歌可泣的伟业。那么,我们也应该用我们艺术的黄钟大吕,来歌唱我们这个时代,来讴歌今天中国共产党和中国人民所创造的这份伟业。我觉得,演绎好中国故事,或者演好中国故事,是我们舞台艺术团体的一个责任。

学习了习近平总书记的讲话,河南的文艺界信心百倍。在河南,有广林等一批这样的艺术家、作家、导演、作曲家,有这样一支创作的队伍,有一批像新宝院长这样的艺术院团的院团长(我说我们的院团长是水里火里钻出来的,他们经历了很艰难的时代),也有一批像今天在座的关心、支持我们河南文艺事业发展的人们,我相信我们一定能够不辜负这个时代。谢谢大家!

李霞(河南省文化厅副厅长,研讨会主持人)

尊敬的各位专家,各位领导,同志们,今天的研讨会开得非常圆满,也非常成功。4个小时的时间,先后有23位专家、领导进行了非常精彩的发言。大家围绕着广林老师的表演艺术进行了深入研讨,蔺司长、姚局长,还有刘老师等一些专家,对我们河南的戏曲艺术事业的现状、取得的成就,给予了充分的肯定和高度的评价,同时也对今后河南的戏曲艺术的发展寄予了殷切的希望。新宝院长和广林老师也都做了很好的表态性发言。最后杨厅长也做了一个非常好的总结。

我觉得咱们研讨会三个层面的内容非常丰富。第一是学,我觉得是对学习贯

● 李霞发言

彻习总书记10月15日讲话精神的一次座谈。因为很多的专家、领导在发言当中都讲到了习近平总书记的讲话,我们河南文艺界也都在深入地学习和贯彻这个讲话精神,所以我觉得今天的研讨会,真的也是一个再学习、再贯彻、再领会总书记讲话精神实质的座谈会。

第二,大家都对我们河南省文化厅实施的艺术名家推介工程给予了充分的肯定和高度评价,作为政府主管部门,我们更加明确了肩上的职责,更加坚定了要继续实施好这个工程的决心和信心,推出我们更多的艺术名家。

第三,这个研讨会,对广林老师的表演艺术给予了高度赞美,对广林老师的艺德、人品给予了高度赞美,对我们河南省话剧院这个优秀的团队给予了高度赞美。所以在此我代表主办单位,代表这个活动的承办单位,再次感谢各位老师、各位专家,谢谢你们!

吴广林艺术年谱

1973 年

话剧《雷雨之前》。在剧中饰演韩刚。

1974 年

诗剧《西沙之战》。在剧中饰演战士。

1975 年

话剧《战斗的篇章》。在剧中饰演司机张刚。

1977 年

话剧《暴风雨中的烈火》。在剧中饰演柱子。

1978 年

话剧《曙光》。在剧中饰演老班长。

1979 年

话剧《幸福果》。在剧中饰演宗易生。

1980 年

话剧《深夜静悄悄》。在剧中饰演刘彦新。

话剧《白色别墅》。在剧中饰演五号。

1981 年

话剧《孝顺儿子》。在剧中饰演马俊民。

1982 年

话剧《谁是强者》。在剧中饰演林彤。

话剧《哥们儿折腾记》。在剧中饰演彭大海。

1983 年

话剧《少帅传奇》。在剧中饰演姜树礼。

法国话剧《海的沉默》。在剧中饰演魏纳。

1984 年

话剧《锅碗瓢盆交响曲》。在剧中饰演小王。

话剧《千秋功罪》。在剧中饰演郭治宝。

1985 年

英国话剧《捕鼠器》(又名《三只瞎老鼠》)。在剧中饰演夏洛克。

1986 年

电视连续剧《冤家》。在剧中饰演春义。该剧获全国电视剧飞天奖三等奖。

1987 年

话剧《中国人》。在剧中饰演王茂军。本人跟随长江漂流队体验生活半个月,并亲自参与完成重庆至万县段的漂流。

电视剧《晚情》。在剧中饰演李水权。

1988 年

话剧《水上吉卜赛》。在剧中饰演罗四辈。该剧获河南省第二届戏剧大赛银奖(此届未设金奖)。个人获表演二等奖。

电视连续剧《月是故乡明》。在剧中饰演春义。该剧获全国电视剧飞天奖二等奖。

1989 年

电视连续剧《李师师》。在剧中饰演马扩。

电视剧《神秘的黄玫瑰》。在剧中饰演韩风。

电视剧《血溅洞房》。在剧中饰演秋生。

电视剧《妻子的奉献》。在剧中饰演廖少东。

1990 年

话剧《公仆》。在剧中饰演焦裕禄。获第二届中国话剧振兴奖。

电视剧《夕阳谷》。在剧中饰演张峰。

小品《酸甜苦辣》。该剧获河南省电视小品大赛二等奖。

河南省春节文艺晚会。担任节目主持人。

1991 年

王怀让诗歌朗诵会。任诗朗诵。

河南省庆祝中国共产党建党七十周年文艺晚会。担任节目主持人。

电视剧《陈少敏在沙区》。在剧中饰演刘山。

电视剧《太阳暖融融》。在剧中饰演李大山。

电视连续剧《烟王》。在剧中饰演烟王李绍君。

电视剧《喋血龙门》。在剧中饰演张少清。

三十集广播连续剧《镗将白朗》。在剧中饰演白朗。获 1991 年河南省优秀广播剧最佳男演员奖。

河南省春节联欢晚会。担任节目主持人。

1992 年

电视剧《报告政府》。在剧中饰演高天。

电视剧《陈滨在台湾》。在剧中饰演李小宝。

电视剧《妻子的奉献》。在剧中饰演郭瑞林。

电视剧《九九艳阳天》。在剧中饰演秦大庆

河南省春节联欢晚会。担任节目主持人。

1993 年

电视剧《青青草》。在剧中饰演胡峰。

电视剧《生杀予夺》。在剧中饰演赵大伟。

电视连续剧《颍河故事》。在剧中饰演王连升。该剧获中国电视剧飞天奖三等奖。

河南省庆祝毛泽东诞辰一百周年大型文艺晚会。担任节目主持人。

河南省春节联欢晚会。担任节目主持人。

1994 年

话剧《区委书记》。在剧中饰演检察长。

河南省庆"五一"联欢晚会。担任节目主持人。

电视剧《崎岖的山路》。在剧中饰演于明。

1995 年

电视剧《春风吹过之后》。在剧中饰演郑阳。

河南省庆"七一"文艺晚会。担任节目主持人。

河南省春节联欢晚会。担任节目主持人。

1996 年

话剧《希望之光》。在剧中饰演包公。

电视连续剧《风铃》。在剧中饰演赵梦山。

河南省春节联欢晚会。担任节目主持人。

1997 年

电视连续剧《风雨南庄》。在剧中饰演李锡森。该剧获河南省"五个一工程"奖。

1998 年

电视连续剧《难忘岁月——红旗渠故事》。在剧中饰演大旺。该剧获全国长篇电视剧飞天奖一等奖。

话剧《太行山人》。在剧中饰演吴金印。获河南省戏剧大赛表演二等奖。

河南省春节联欢晚会。担任节目主持人。

1999 年

电视连续剧《进京列车》。在剧中饰演王大明。

电视剧《绿风》。在剧中饰演高云峰。

2000 年

电视连续剧《乱世妖后》。在剧中饰演晋武帝。

2001 年

广播剧《乡党委书记》。在剧中饰演赵大成。获 2001 年河南省优秀广播剧奖最佳男演员奖。

电影《倔老汉与叫驴》。在剧中饰演乡长。

河南省春节联欢晚会。担任节目主持人。

2002 年

电影《大风歌》。在剧中饰演何庆林。

电视连续剧《五品郎中》。在剧中饰演张之岳。

2003 年

电影《大钟歌》。在剧中饰演白洪亮。

河南省"抗非典,树新风,促发展"专题文艺调演。表演诗朗诵(《一声布谷》)。获一等奖。

河南省春节联欢晚会。担任节目主持人。

2004 年

电影《特别村民》。在剧中饰演张牧原。该剧获中组部特别奖。

河南省纪念焦裕禄逝世四十周年大型文艺晚会。表演诗朗诵(《榜样》)。受到河南省文化厅通报表扬。

2005 年

电视连续剧《当关》。在剧中饰演秦刚。该剧获中国电视金鹰奖提名奖。

演出情景剧《杨靖宇》。在剧中饰演杨靖宇。

河南省电视台春节联欢晚会。担任节目主持人。

2006 年

电视连续剧《分流》。在剧中饰演修身。

河南电视台庆"八一"文艺晚会。担任节目主持人。

演出情景剧《红军树》。在剧中饰演大爷。

演出情景剧《亲情》。在剧中饰演李栓柱。

河南省春节联欢晚会。担任节目主持人。

2007 年

电影《村官》。在剧中饰演李天成。该片入围长春电影节。

电影《春暖冷水沟》。在剧中饰演杨岳川。

河南省慈善之光大型文艺晚会。担任节目主持人。

河南省第八届小品大赛。演出小品《德化百年》。获最佳男演员奖。

2008 年

话剧《宣和画院》。在剧中饰演李子信。该剧获河南省第十一届戏剧大赛文华大奖,第四届黄河戏剧节金奖,第六届全国优秀剧目展演参演剧目奖,河南省第九届"五个一工程"奖,河南省第五届文学艺术优秀成果奖。个人荣获第四届黄河戏剧奖一等奖,2007—2010 年全国戏剧文华奖,话剧金狮奖,优秀表演奖。

2009 年

电影《狗头金》。在剧中饰演大树。

电影《钟繇》。在剧中饰演曹操。

2010 年

电视连续剧《阿丕书记》。在剧中饰演武双全。

2011 年

话剧《红旗渠》。在剧中饰演杨贵。该剧获河南省第十二届戏剧大赛文华大奖,第五届黄河戏剧节大奖,第十届中国艺术节文华大奖(话剧榜首),中宣部"五个一工程"奖。中国第四届戏剧学院奖优秀剧目奖。个人获第五届黄河戏剧节表演一等奖,河南省第十二届戏剧大赛文华表演一等奖,第十届中国艺术节优秀表演奖,第四届中国戏剧表演学院奖最佳主角奖。

电视连续剧《粟裕大将》。在剧中饰演张灵甫。

2012 年

电影《生者的墓碑》。在剧中饰演孙邦俊。

2012—2014 年

话剧《红旗渠》全国巡演 385 场。

2014 年

话剧《孔子》。在剧中饰演孔子。荣获第六届戏剧奥林匹克大奖,第九届话剧金狮奖。